中华优秀传统文化大众化系列读物

山东省委宣传部　组编

尊孔孟 重德性

——儒家文化纵横谈

武　宁　著

传统文化与社区（乡村）文明读本
主编　颜炳罡

中华书局　齐鲁书社

图书在版编目（CIP）数据

尊孔孟　重德性：儒家文化纵横谈/武宁著. —北京：中华书局,2018.1
（中华优秀传统文化大众化系列读物）
ISBN 978-7-101-12890-1

Ⅰ.尊… Ⅱ.武… Ⅲ.儒家-传统文化-研究 Ⅳ.B222.05

中国版本图书馆 CIP 数据核字（2017）第 269942 号

书　　名	尊孔孟　重德性——儒家文化纵横谈
著　　者	武　宁
丛 书 名	中华优秀传统文化大众化系列读物
责任编辑	申作宏
出版发行	中华书局
	（北京市丰台区太平桥西里 38 号　100073）
	http://www.zhbc.com.cn
	E-mail:zhbc@zhbc.com.cn
印　　刷	北京市白帆印务有限公司
版　　次	2018 年 1 月北京第 1 版
	2018 年 1 月北京第 1 次印刷
规　　格	开本/710×1000 毫米　1/16
	印张 11　插页 2　字数 120 千字
印　　数	1-4000 册
国际书号	ISBN 978-7-101-12890-1
定　　价	29.00 元

"传统文化与社区（乡村）文明读本"编委会

总　序

　　中华文化是中华民族的根与魂，是中华民族独特的精神标识与精神血脉，是中国人民的精神家园。作为世界四大文明古国中唯一延续至今且依然具有旺盛生命力的中华文明，既需要薪火相传，代代相守，又需要推陈出新，与时俱进，已经成为或者正在成为21世纪中华民族的共识。问题是，怎样才能让中华文化继续传下去，又由谁守下去？如何才能保障中华文化推出的"新"是中华文化的"新"，而不是流质变异的"新"，这是我们应当深思熟虑的。

　　北宋时期有位名叫张载的哲学家，他有四句非常流行的话："为天地立心，为生民立命，为往圣继绝学，为万世开太平。"由于张载生于横渠镇，世称张横渠，这四句话又被后世学者称为"横渠四句教"。千百年来，不少学者将"横渠四句教"作为自己的历史使命以及为学的宗旨。往圣之学当然就是圣学，圣学即是圣道，而圣道就是"祖述尧舜，宪章文武，宗师仲尼"之道，是尧、舜、禹、汤、文、武、周公、孔子相传之道。此道之相传，唐代哲学家韩愈称之为"道统"。韩愈认为，道统由孔子传到孟子，孟子死了，这个道统就中绝了，需要他来拾起道统，再往下传，他就是"为往圣继绝学"。张载与韩愈一样，认为圣学不得其传，他要主动地承担起"为往圣继绝学"的重任。无论是韩愈，还是张载，其心灵都是哲学家的心灵,其心态都是文化精英的心态,这种心态显然是将自己高高架于普通民众之上,可以"秒杀"千古风流而悲壮地承担继绝学的文化使命。这种历代文化精英"舍我其谁"的担当意识固然令人可敬,但我们要问:为什么以担当圣道为自己历史使命的历代知识精英们,没有走出继了绝、绝了继的历史循环? 如何才能走出这一历史循环? 我们认为,解决的方案只有一个,那就是将文化传承的责任由少数知识精英孤独而悲壮的担当转化为全民族每一分子的共同义务。

中华文化薪火相传,代代相守,问题是孰为薪火? 我们认为人人尽可为"薪火",谁去守? 守护中华文化,中华儿女人人有责。在礼崩乐坏的春秋时代,孔子的学生子贡曾非常自信地说:"文武之道,未坠于地,在人。贤者识其大者,不贤者识其小者,莫不有文武之道焉。"(《论语·子张》)韩愈所谓的"轲之死,(道)不得其传焉",张载所谓的"绝学",张方平所谓的"儒门淡薄,收拾不住"等,都是精英文人忧道之不倡而发出的愤激之语,并非历史事实。套用子贡的话说,两千多年来,文武之道,孔孟之传,未坠于地,贤者识其大者,不贤者识其小者,莫不有中华之道焉,莫不有孔孟之学焉,何绝学之有?

《中庸》引孔子的话说:"道不远人。人之为道而远人,不可以为道。"道自盈天壤,无所不在,无时不在,在你身上、我身上、他身上,人皆有道,道就在我们日常生活里。子夏有言:"贤贤易色,事父母能竭其力,事君能致其身,与朋友交言而有信。虽曰未学,吾必谓之学矣。"(《论语·学而》)贤贤易色是夫妇之道,也是夫妇之学;竭其力是事奉父母之道,也是事奉父母之学;致其身是事君之道,也是事君之学;言而有信,是交友之道,也是交友之学。人间的一切道德实践活动无不是在行道、履道、为道,道何尝远人? 此道何尝失传,何尝绝? 近代以来尤其是

"五四"以来，激进的知识分子有感于中国贫穷落后、任人宰割的悲惨现实，认为这一后果是由我们的传统文化造成的，于是起而激烈地批判、否定传统文化。什么讲礼教都是吃人的，吃人的都是讲礼教的，"仁义道德"吃人等，以愤激之语，发震天之声，他们可以使道隐而不彰，但无法绝道、毁道。

文化不应是少数知识精英孤芳自赏的存在物，而是普通民众的生存方式、生活方式。以文化人，以文育人，以文成人，这是文化本身的意义。以文化人，是自化，还是他化？以文育人，是自育，还是他育？换言之，谁化谁育？化谁育谁？我们的回答是：凡是人，皆须化；凡是人，皆须育；凡是人，皆须成。孔子讲"为仁由己"，更多地强调人的自化、自育、自成，孟子要求"先知觉后知，先觉觉后觉"，由先知先觉者去化、去育、去成后知后觉者，更多地强调他化、他育、他成。既强调自我迁善改过、自我转化、自我培育、自我养成，又强调他化、他育、他成，是中华文化在理想人格成长问题上的特点。作为知识分子尤其是人文知识分子，既有自化、自育、自成的天职，也有化他、育他、成他的历史使命和责任担当。

本套丛书的作者都是中华文化的爱好者、研究者，大都长期站在高校教学的第一线，又长期躬身于当代文化的实践活动，或乡村，或社区，或走进企业，或出入于机关，从事着中华文化的传播工作。在长期的工作实践中，我们深深体会到中国的普通民众需要什么，在读书中他们会期待什么，本套丛书作为学者撰写的大众读物，力求铺就一条由学术神圣殿堂通往百姓日常生活的道路。

1. 贯通古今，实现由传统文化向现代文化的转化

中华文化源远流长，历经几千年之发展，有古今之异、文白之分。传统文化的经典大都是用文言文写成的，而今天我们所使用的语言是白话文，对于广大读者而言，读传统文化的读物，马上面对的就是"文字障"，不识其文，何以了解其意？不解其意，何以身体力行？贯通古今首先要在文字上贯通文言文与白话文，帮助读者克服文字障碍，使文言文不再是了解古人思想的障碍，而是理解古人思想的凭借。本套丛书在写作上，要求作者对所有引用古人思想、名句、观点等文字进行精要说明，进而引伸发挥，实现触类旁通。

传统向现代的转化不仅仅是文字的，更是思想的。任何传统思想既是具时态的存在，也有超时空的意义，研究传统文化并不是要求当代人穿越时空回到古代去，而是让古人及其思想穿越时空来到今天，一句话：做到古为今用。冯友兰先生的"抽象继承法"不失为由传统向现代转换、贯通古今的有效手段与方式。的确，今天我们不必再去追问"学而时习之"在孔子时代具体学的、习的是什么，射箭、驾牛车或马车，这些当代社会不必人人皆学，但"学而时习之"告诉人们，无论学什么都需要习，不管是音乐、绘画、书法、数学、语文，还是物理、化学、生物、地理等，都要"学而时习之"，其抽象意义至今没有过时。编委会要求作者们对古圣往贤的思想、命题、观念进行因时转换、创造性发挥，指出当代社会可行、可操作之点。

2. 铺平沟壑，实现由学术话语向百姓语言的转化

当代中国，高校林立，研究机构、研究院所多得不胜枚举，加上当代

学者大都十分努力勤奋,每年出版的学术著作数以万计,而期刊杂志刊发的学术文章远远多于出版的著作。不过,这些学术著作与学术论文最上乘的也不过在"为往圣继绝学"而已,与百姓无关,学术已远离百姓生活,学术归学术,百姓归百姓。不少学者久已习惯于钻入象牙塔,孤芳自赏,感叹着曲高和寡,而百姓所饥渴的精神世界只好找些"心灵鸡汤"去讨生活,当学术话语不再理会百姓生活的时候,百姓自然也不再关心学术。

中华文化一向以"极高明而道中庸"为特质,高明的思想高到极致就是平常道理,反过来,极为平常的道理又何尝不是最高明的道理,神圣与凡俗之间是相通的,不是二分的。翻开《论语》,打开《孟子》,没有故弄玄虚,也不会故作高深,更不会拒人千里,与现代一些学术论文有意让人读不懂的文风根本不同。我们要求作者化神圣为凡俗,摒弃学术八股,将学术性话语转化为百姓日用话语,以学者的严谨作通俗之文,但通俗而不庸俗。

3. 融合事理,实现玄远之思想向百姓日常生活的转化

西人有言:理论是灰色的,而生活之树常青。如何实现灰色的理论与常青的生活之树之间的无缝对接,似乎是中西理论共同遇到的难题。我们认为,这一问题的解决不是就理论而言理论,而是在生活中不断发现理论、解释理论、验证理论与升华理论,让灰色的理论不再灰色。无庸讳言,中华传统文化尤其是传统哲学的确有深刻、玄远、抽象的一面,如《中庸》《周易》《老子》《庄子》等,这些经典到处充满着艰深晦涩的思想,在经典解释中也有繁琐、人人言异、让人无所适从的一面,如"格物致知"这一命题到明末的解释就有72家之说,这些问题是我们每一位传

统文化研习者都遇到的挑战。

在我们的作者队伍中，大都是乡村儒学、社区儒学的讲师，多次面对普通百姓讲学，如何将灰色的理论讲得百姓愿听、爱听，每一位学者都有自己的心得。我们认为以事言理、以理统事、事理相融是化灰色为常青的有效途径。任何高深的理论总有历史上与现实中的典型事例与之相对应，而任何典型案例都具有类型、典范意义，理是事之理，事即是理，理是玄远之理论，事即活生生的现实生活。王阳明判父子争讼既是事，又是理。韩贞向野老说"良心"，将"不可道"之"常道"，以生活之事说出来，让野老恍然大悟。我们力求用百姓的语言讲出玄远之理，实现玄远之理与百姓日常生活的有机相融，无缝对接。

中华文化不离人伦日用，道就在人伦日用之中。人伦日用即生活，生活即人伦日用。离开人伦日用就没有生活，离开生活就不是人伦日用。面对全球化大潮，中华文化要薪火相传，代代相守，不过前提是可传、能传，可守、能守。何为可传、可守？我们认为关键是其能否落实为"人伦日用"，在当代人的生活中是否还有其用，这里的"用"就是价值，有用就是有价值，无用就是没有价值。修身是用，齐家是用，治国是用，平天下还是用，修、齐、治、平无不是生活，无不是用。而用首先是落实为百姓之用、大众之用。本着这一原则，本套丛书分别从中华文化与民族精神、儒家文化、道家与道教、修身为本、齐家有道、生活礼仪、乡规民约等方面切入，既让大家了解中华传统文化的基础知识，感悟中华文化的博大精深、源远流长，又能从古圣先贤那里学到做人的道理、生活的智慧等。

本套丛书的整体设计、写作思路是凝结编委会成员及众多学者的智慧而成的，而每一分册，甚至每一章、每一个标题都经过了大家反复讨论，多次论证，都渗透着众多学者的心血。我们长期从事学术研究，已经习惯于写作学术专著与学术论文，深知为文之艰难，而将学术成果转化为大众可亲近、可接受、读得懂且愿意读的作品更非易事。我们相信，中华文化的传承与发展不仅仅是少数知识精英的名山事业，更是中华民族每一分子的责任承担。文化只有走进寻常百姓之家，只有化为大众的生活方式与精神追求，才能滋养文化永续生长的丰厚而肥沃的土壤，中华文化的薪火相传、代代相守、推陈出新、与时俱进，才能有客观保证。

　　由于我们学识所限，本套丛书肯定存在着这样或那样的不足，甚至是错误，竭诚欢迎方家予以指正，以利我们下一步的修正与提高。

颜炳罡

2017年2月18日

目　录

前　言

　　儒家文化是中华传统文化的基础和主干。春秋末期的孔子集夏、商、周三代文化之大成,创立了儒家思想学说,后经孟子、荀子等先贤的弘扬和发展,在战国时期成为"显学"。及至汉代,儒学上升为"国家意识",成为此后两千多年中华民族思想的主流,对中华民族精神和民族性格的形成起到了决定性作用。正确认识和理解儒家文化,是树立中华民族自尊、自信的基本前提。张岱年先生认为:"一个民族立足于世界,必须具有民族的自尊心与自信心,才能具有独立的意识。而民族的自尊心与自信心的基础是对于本民族文化的优秀传统有一定的理解。"儒家思想之所以能够成为两千年来中华民族的主导思想绝非偶然,在笔者看来,这其中有两个十分重要的因素。

　　首先是儒家的担当意识。从孔子的"天生德与予",到曾子的"士不可以不弘毅,任重而道远",再到孟子的"乐以天下,忧以天下",儒家在创立之初,就自觉肩负起匡时济世的历史重责。宋儒张载一语"为天地立心,为生民立命,为往圣继绝学,为万世开太平",更是将历代圣贤先儒之心声道尽。孔子周游列国之际,路遇隐者长沮、桀溺,两人劝言乱世滔滔,想要变革谈何容易,不如随他们一起归隐山林。孔子听后,怃然叹曰:鸟兽不可与同群! 天下无道,更应站出来挽救苍生! 与避世隐者相比，夫子勇于担当的君子风骨肃然可见！

其次是儒学的"极高明而道中庸"。"极高明而道中庸"语出儒家典籍《礼记·中庸》，"极高明"指最高的道德境界，"道中庸"是说不离百姓日常。看似决然对立的两个极端，却在儒学这里融为一体，天道与人道、超越与现实在这里达到了高度的统一。正如冯友兰先生所说，"这种境界是最高的，但又是不离乎人伦日用的。这种境界，就是即世间而出世间的"。在建立"经虚涉旷"的理论体系同时，恪守"道不远人"的儒家更多表现的却是对现实的关怀，对民生的关怀，而非超验的对象。弟子季路曾向孔子请教鬼神之事，孔子回答说："未能事人，焉能事鬼？"季路不甘心，又追问死后之事，孔子仍旧答："未知生，焉知死？"在现世的此岸和超验的彼岸，孔子毫不犹豫地选择了前者。

历史需要"担当"，治世需要"高明"，生活需要"中庸"，种种因素聚集在一起，儒家思想成为中华民族的精神主导便成了一种历史的必然。然而，五四运动之后，这种历史的必然受到了极大的质疑与打击，尤其是到了当代，改革开放三十多年来，与经济的迅猛发展相比较，中国在思想、道德、文化等精神建设层面上表现得相对滞后，个体道德和社会公德滑坡、民族凝聚力和向心力弱化，"不合时宜"的儒家文化貌似已退出了历史的舞台。然而，认真回望，我们就不难发现，中国就精神文明建设的努力其实从未中断，只是在物质文明高速发展过程中处于相对被动和弱化的地位。国人的言行举止、往来日常，处处留有儒家的影子，儒家思想早已在每个中国人心中留下深深的烙印，这是中国人不可磨灭的历史印记，更是不可替代的精神财富。

要留住这份精神财富，就要对它有一个全面且客观的认识。儒学自先秦诞生以来，不管是汉代以后被奉为官方学说的"风光"，还是

"五四""文革"被评判、打倒的"落魄",过扬或是过抑,都是对儒家文化本质的一种异化和曲解。因此,笔者从儒学的本源出发,对儒学的发展历程做一纵向梳理,再从价值追求、处世方法、当代意义等方面入手,对儒家文化的现世之用做一横向阐述,力求在纵横之间对儒家文化作一较为详尽的刻画。

新中国成立以来,义务教育在全国范围内普及开展,国民整体文化水平得到大幅提升,普通民众具备了接受传统文化的能力,也产生了对传统文化认读的需求,"百姓日用而不知"已然成为一种过去时。以儒学为代表的中华优秀传统文化不应再拘囿于科研范围之内,将儒学"下放",让传统文化走进社区,走近民众,只有真正了解到传统文化的精髓所在,民众才能更好地应用于生活,才会真正懂得珍惜这一宝贵的精神财富,优秀的传统文化也才能真正得以继承与弘扬。因此,让百姓"日用且知",既是时代发展的必然趋势,更是每位传统文化研究者的责任与义务。

儒家文化使百姓生活更加和谐幸福,百姓让儒家文化更加发扬光大,两者互为依存,相得益彰。也许,这才是夫子创立儒家文化的真正用意所在。本书若能在此点上做出一丁点儿贡献,于愿足矣!无奈限于知识积累和学术视野,尚有诸多不尽如人意之处,不妥之处,敬请方家批评指正!

第一章　正本清源说儒学

"儒家文化"无疑是当前颇具争议的一个社会话题,有人说它是中华文化的精华,应全盘复兴,也有人说它是阶级社会的糟粕,要完全抛弃。对于一个事物,歌颂也好,批判也罢,前提是要对它有一正确的认识,那样才能予以公正的评价。要做到这点,最好的方式就是追本溯源,理清本义。就儒学而言,什么是儒? 最初的儒者和儒家有什么区别和联系? 儒学的本质是什么? 只有首先把这些根源性的问题弄清楚了,才能对儒家文化有一客观而正确的认识。

一、儒的原始意义

1. 儒:术士之称

儒的出现最早可以追溯到殷商时期。《礼记·表记》记载:"殷人尊神,率民以事神,先鬼而后礼。"殷商文化是一种"尊神文化",出于对未知自然界的敬畏与崇拜,殷商时期的宗教意识十分浓厚,对鬼神的祭拜是社会生活非常重要的组成部分。人们认为神灵是吉凶祸福的决策者,通过与神灵的沟通,能够获得上天指示,趋吉避凶,祭祀鬼神就能得到福祉。由此社会上产生了一个特殊群体,在那个时代的人们看来,这个群体是神与人之间沟通的使者,他们具有祈神求雨的能力,能够获知上天的指示,也能将人们的祈求传递给神灵,这个群体被称为术士,也叫方士。

东汉经学家许慎著有一本书,叫《说文解字》。这本书通过对汉字形体的解读,系统地阐述了汉字的造字规律。这其中,儒字被解为:"儒,柔也,术士之称。从人,需声。"西汉扬雄在他的《法言·君子》篇中说:"通天地之人曰儒。"《汉书·司马相如传》中也称:"凡有道术者皆称儒。"可见,在早期,儒就是术士的代称。

甲骨占卜是术士预测吉凶的一种重要方式。殷商时期,不管是国家的重大事件还是日常的人民生计,无不先以甲骨占卜。占卜过程中所留下的文字,就被称作甲骨文,也叫"契文"或是"甲骨卜辞",是用来研究殷商文化的重要历史资料。我国著名古文字学家徐中舒先生从甲骨文的研究中发现,"需"字其实就是原始的"儒"字。在甲骨文中,"需"的字形为一个人在水中沐浴,"需在甲骨中像沐浴濡身,濡应是儒字的本义"①。濡,就是以水濡身,古时人们在主持祭祀之前,都要先沐浴斋戒,以示对神灵的敬重与虔诚,如《孟子·离娄下》篇中"虽有恶人,斋戒沐浴,则可以祀上帝"。

徐中舒先生还考证出,在甲骨文资料中,有一称作"子需"的人曾多次出现,他是殷高宗武丁时期专为王室主持宾祭典礼、祭祀祖先、接待宾客之人,而且在当时享有颇高的社会地位。"子需"不是他的真实名字,而是其职业称谓,"从甲骨所载的子需之事来看,儒这种行业在殷商时代就有了"②。从殷商到西周,在春秋以前,学校教育只有"官学"没有"私

---

① 徐中舒:《先秦史论稿》,成都:巴蜀书社,1992年版,第302页。
② 徐中舒:"甲骨文中所见的儒",载《四川大学学报》,1975年第4期。

学",那个时代不像今天人人都有受教育的权利,文化教育是贵族及其附属阶层的专享。术士在当时享有颇高的社会地位,他们精通天文、历法、占卜、祭祀等多项技能,是知识的占有者,他们通过自身所掌握的技能为贵族阶层服务,帮助君主利用宗教手段统治民众。

周武王灭商之后,西周的社会重心开始由虚幻的鬼神世界转向现实的人际关系,"周人尊礼尚施,事鬼敬神而远之"(《礼记·表记》)。但"周因于殷礼"(《论语·为政》),周朝的制度是在商礼的基础上增损而来的,所以虽不像商朝时那么举足轻重,祭祀鬼神的仪式仍在,加之"学在官府"的教育垄断机制,占有知识的术士之儒在西周时期仍旧享有一定的社会地位。

2. 儒:教书相礼

西汉刘歆在《七略》里说:"儒家者流……盖出于司徒之官,助人君顺阴阳,明教化者也。"他认为儒家是源于"司徒"。根据《礼记·曲礼下》篇记载,"司徒"是商周时期总管人事的五个高级官职之一,掌管着天下各国的土地之图与人民之数,负责行教化于民,辅助君王安定天下各国,教育是司徒的主要职责。春秋以前的三代,教育都被官府垄断,清代史学家章学诚说:"三代盛时,天下之学,无不以吏为师,《周官》三百六十,天人之学备矣。"(《文史通义》卷三《史释》)特别是到了西周时期,学在官府,官师不分,只有负责相关事务的官吏才能够做老师,教书育人者自然也就意味着具备一定的社会地位。

《周礼》一书中两处提及儒。一处是《天官·大宰》:"儒以道得民。"东汉经学家郑玄注为:"儒,诸侯保氏有六艺以教民者。"另一处是《地官·大司徒》:"联师儒。"郑玄注为:"师儒,乡里教以道艺者。"六艺、道艺指"礼、乐、射、御、书、术"六种技能，由于普通民众没有受教育的权利，因此这里的儒其实就是专指教习贵族子弟六艺之人。这表明，在春秋以前除了术士之外，也出现了以教育为职业的儒，也就是师儒。

冯友兰先生在《原儒墨》一文中曾说："所谓儒，是一种有知识有学问之专家，他们散在民间，以为人教书相礼为生。"进入春秋以后，王室衰微，各路诸侯崛起，社会动荡不安，官失其守，许多以"六艺"教民的王官散落各地。《论语·微子》篇里就有一段关于鲁国乐师流亡四处的记载："太师挚适齐，亚饭干适楚，三饭缭适蔡，四饭缺适秦，鼓方叔入于河，播鼗武入于汉，少师阳、击磬襄入于海。"太师是乐师之长，职务之称，挚是他的名，太师挚就是名叫"挚"的乐师长。同样，后面的亚饭干、三饭缭一直到最后的击磬襄，都是乐师的司职与名的并用。这里记载的是鲁国这些乐师由于战乱等原因，流亡各地，他们有的到了齐国，有的到了楚国，还有的流亡到了大海之滨。这段文字记载正是春秋时期王官散亡各地的一个真实写照。

王官失守，流落民间，带来的直接影响就是官学垄断体系被打破，学术文化下移。掌握知识技能的文化官师们在流亡的同时，也把原本王室贵族专属的知识和典籍带到了民间。在流亡过程中，为了生计，他们在民间开门收徒，传授"六艺"。

春秋时期的混乱使得祝宗卜史之类的职官和一些落魄贵族流离失所，也散亡到民间。由于缺乏基本的劳作经验与能力，原本生活无忧的他们常常"陷于饥寒，危于冻馁"（《墨子·非儒》）。源于对祖先神灵的敬重，民间对丧葬之礼的重视使得他们得以发挥一技之长，这些人原本就是祭祀、典礼仪式的执行者或是参与者，熟知仪礼流程，因此便会通过主持丧葬仪式，或是为富贵人家充当迎宾、婚礼司仪之类，赚取谋生费用。

"儒"字最早见于文献《论语·雍也》篇，孔子对他的弟子子夏说："女为君子儒，无为小人儒。"这里的"女"通"汝"。孔子告诫子夏说，你要做一个君子儒，不要做一个小人儒。通过这句话，至少可以说明两个问题：第一，孔子之前，"儒"就已经存在了；第二，儒有"君子儒"与"小人儒"之分。

君子儒大抵就是荀子所说的"大儒"，他们传习礼乐，且以修身齐家治国平天下为己任，"通则一天下，穷则独立贵名"（《荀子·儒效》）。而小人儒则是荀子所说的"俗儒""陋儒"，他们专以治丧、相礼为生，荀子称其为"偷儒惮事，无廉耻而嗜乎饮食"（《荀子·修身》），苟且偷安，不顾廉耻只贪图饮食。墨家讥笑这种人："富人有丧，乃大说喜，曰'此衣食之端也。'"（《墨子·非儒》）就是说，看见富贵人家有丧事时，就会异常欢喜，因为这是他们的衣食来源。以相礼为营生的儒的窘迫可见一斑，也可想象当时人们对这一人群的鄙夷之情。春秋战国的礼崩乐坏，迫使儒从倍受尊崇的文官之职沦为遭人鄙夷的低贱职业，也是甚为可悲的。

二、儒学的本质

1.儒、儒家、儒学

所谓儒家，就是指春秋末年孔子所创立的学术派别。

孔子（前551—前479年），名丘，字仲尼，春秋鲁国（今山东曲阜）人。"子"是古代对有道德、有学问的先贤的尊称。孔子的先祖是宋国（今河南商丘一带）贵族，后因内乱逃至鲁国，从此定居。鲁国是周武王弟弟周公旦的封地，武王死后，成王年少，因此周公代成王摄行君权，其子伯禽代为受封，建立了鲁国。辅政期间，周公"一饭三吐哺，一沐三握发",为朝政殚精竭虑,内安其患,外平其乱,成王成年之后,周公又归政于他。周公逝后,周成王感念其德,特许鲁国享有天子礼乐,并将王室独有的典籍、礼器及祝宗仆史等文职官员赐予鲁国。东周初期,周平王迁都洛邑,其间许多重要典籍与礼器丢失,诸多文官也四散逃亡,鲁国成为了春秋时期周朝礼乐文化最完整的保存者与践行者。鲁昭公二年(前540),晋国大夫韩宣子出访鲁国时,看到众多礼乐典籍后,不由发出"周礼尽在鲁矣"的艳羡之叹。

因礼乐文化氛围浓厚,鲁国汇聚了颇多教书相礼之士,孔子幼年受此熏陶,"为儿嬉戏,常陈俎豆,设礼容"(《史记·孔子世家》)。"俎"和"豆"是古时盛放祭品的两种器皿。孔子儿时喜欢玩摆放礼器、祭拜行礼这些祭祀游戏,除了说明他对礼乐文化的向往与天赋,也反映了鲁地礼乐氛围浓厚,相礼之事颇为常见。

《论语·子罕》篇中,孔子自述:"吾少也贱,故多能鄙事。""少也贱"是说他身份低微,家道中落加上三岁时父亲就去世了,少时的孔子生活颇为艰辛。由于从小以礼为嬉,对相礼之仪非常熟悉,所以孔子也曾与人相礼赚取家用。孔子所说"鄙事",除了有自谦之外,也更多地反映出作为一种职业,儒在当时社会的地位之卑。

不管是教书还是相礼,掌握一定的知识技能是这群人的共同特征,到了孔子所处的时代,没有贵族身份的知识分子基本上都被泛称作"儒"。一方面,他们是知识的占有者,较之一般民众有着一定的优越性;另一方面,他们又游离于贵族阶层之外,每日忙于生计,处于社会下层。从事着低贱的行业,却又不能完全放下文人的清高,因此"儒"的称谓在当时实则具有一定的贬义。孔子自己就说:"今众人之命儒也妄,常以儒相诟病。"(《礼记·儒行》)孔子说当今的人们对"儒"字命名的理解不准确，所以经常会以儒者作为攻击贬低别人的词语。

也正因为此，早期的儒家学派包括孔子本人都不太赞同"儒"这个称谓。最早将孔子一派称为"儒"的恰恰就是他的反对者——墨子，《墨子·非儒下》中载："儒者曰：'亲亲有术，尊贤有等。'"这是墨子批评儒家爱有差等的一段话，其实单从文章的题目就可看出，称其为"儒"，本身就是带有蔑视口吻的。"儒家"称谓的出现则更晚。战国诸子争鸣时代，《庄子·天下》《荀子·非十二子》《韩非子·显学》等篇章中，多处提及"百家之学""百家之说"，却没有将"儒家"两字并用。西汉初年司马谈《论六家要指》中，分别说及"法家""道家""名家"等称谓，唯独不见"儒家"，只是称之为"儒者"。

直到我们上节提到的刘歆《七略》一文，"儒家"的称谓才首次出现："儒家者流，盖出于司徒之官，助人君顺阴阳，明教化者。游文于六艺之中，留意于仁义之际，祖述尧舜，宪章文武，宗师仲尼，以重其言，以道为最高。"这里从探究渊源、隶属关系出发，首次提出"儒家"之名。章太炎先生在《国故论衡·原儒》一文中以"题号由古今异"的历史观点，将"儒"的概念分为三类：达名之儒、类名之儒、私名之儒，表述"儒"由广义到狭义的概念与历史演化。达名之儒是儒最早也是最广义的概念，就是指术士；后来范围缩小至以六艺教民的类名之儒，也就是师儒；再后来就是刘歆所言的"祖述尧舜，宪章文武，宗师仲尼，以重其言"的狭义的儒，也即私名之儒，就是确指孔子所开创的儒家学派。

"儒"与"儒家"是相互联系却又有着本质区别的两个概念。关于二者，冯友兰先生曾有一段非常精准的论述，他说："儒家与儒两名，并不是同一的意义。儒指以教书相礼等为职业的一种人，儒家指先秦诸子中之一派。儒为儒家之所出，儒家之人亦或仍操儒之职业，但二者并不是一回事。"①儒与儒家的区别就在于，教书相礼只是前者谋生的工具，后者虽然也做教书相礼之事，但他们把其提升为修身治国之道，并以此传授弟子弘扬其道，也就是孔子所讲的"君子谋道不谋食"（《论语·卫灵公》）。是为"谋道"还是只求"谋食"，这是儒家与儒的本质区别。

一个学术派别的产生有两个必要条件：一是要有自己独特且系统的理论学说；二是需有门派的传承。儒家的理论学说，就是儒学。它以孔子学说为基础，涵括伦理、政治、教育、宗教、历史、文学等诸多方面，是中华传统文化的主干。儒学强调修身成人，贡献社会，是中华民族的社会道德规范之学。在门派传承方面，孔子创办私学，有教无类，广招门徒。据《史记·孔子世家》记载："孔子以诗、书、礼、乐教弟子，弟子盖三千焉，身通六艺者七十有二人。"可见孔子弟子之众。孔子之后，孟子、荀子接过衣钵，从各自的角度继承并发展了孔子学说，构成了先秦原始儒学的主体框架。后世董仲舒、朱熹、王阳明等大儒又将儒学予以发扬，形成了道统传承。

虽然孔子并不赞成"儒"的称谓，但他创立的学说被冠以"儒"字却绝非偶然。儒家学说的创立，有孔子个人天资以及时代背景的因素所在，但更大程度上得益于儒这个群体对祭祀文化的传承与思考，对礼乐制度的传递与留存，这是儒家学说创立不可或缺的前提条件。儒家、儒学与儒有着割舍不断的关联，可以这么说，儒是儒家产生的社会基础，儒家则是儒的道德升华。儒是儒学创立的理论源泉，儒学则是儒的思想凝练。正是因为在孔子之前，上古祭祀、礼乐文化有了数百年的社会实践与历史积累，孔子才能在此基础之上"祖述尧舜，宪章文武"，创建儒家学

① 冯友兰:《中国哲学史》（上册），北京：中华书局，1961年，第5页。

派,创立儒家学说。诚如陈来教授所说:"这样一种理性化的思想体系是中国文化史的漫长演进的结果。它是由夏以前的巫觋文化发展为祭祀文化,又由祭祀文化的殷商高峰而发展为周代的礼乐文化,才最终产生形成。"①

当然,我们还应明确其中的区别,如冯友兰先生所说:"后来在儒之中,有不止于教书相礼为事,而且欲以昔日之礼乐制度平治天下,又有予昔之礼乐制度以理论的根据者,此等人即后来之儒家。孔子不是儒之创立者,但乃是儒家之创立者。"②

2. 儒学与中华道统意识

儒学一直以来被视为是中华传统文化的主干和主流,这里面有一个十分重要的观念,就是关于道统的思想和学说。这种思想和学说从本质上而言,其实就是整个中华文化的道统。尽管"道统"一词晚至宋代朱熹那里才出现,但它背后仍然蕴藏着儒家一贯的精神追求和价值支撑。可以说,道统思想深刻地影响着儒学的特色和发展;反过来,儒学的不断推进在很大程度上又促使道统思想伴随着时代的发展而具有新的特质。因此,理解和把握中华道统需要对儒学有一个深入的认识,这两者是一而二、二而一的关系。

《中庸》记载,"仲尼祖述尧舜,宪章文武",这固然是对孔子的描述,但实际上可以视为对整个儒家的概括性的描述。关于儒家思想的学说,也就因此带有一种一脉相承的特质,而这种特质构成了道统的内在精神。其实早在孔子之际,就已经有了后世所谓"道统"的初步表达。《论

① 陈来:《古代宗教与伦理:儒家思想的根源》,北京:生活·读书·新知三联书店,1996年,第10页。
② 冯友兰:"原儒墨",《中国哲学史》下册"附录",北京:中华书局,1961年。

语》记载:"尧曰:'咨! 尔舜,天之历数在尔躬,允执其中。四海困穷,天禄永终。'舜亦以命禹。"(《论语·尧曰》)这种"命"的背后所彰显的其实就是对儒家所追求的"道"的一脉相承。孔子曾说,"吾道一以贯之"(《论语·里仁》),这里的"道",其实就是所谓的尧舜禹之道。汉代董仲舒较为显明地提出了这种"道"的继承性,他说,"道之大原出于天,天不变,道亦不变,是以禹继舜,舜继尧,三圣相受而守一道"。(《汉书·董仲舒传》)这就把儒学里面强调的道统做了初步的梳理和界定。

但直到唐代,关于道统的系统表述才由韩愈做了整体上的论证和梳理。他认为:"斯道也,何道也? 曰:斯吾所谓道也,非向所谓老与佛之道也。尧以是传之舜,舜以是传之汤,汤以是传之文、武、周公,文、武、周公以是传之孔子,孔子传之孟轲,轲之死,不得其传焉。"(《原道》)可见,这种"道"是基于儒学自身精神的命脉,并不是老学和佛学所谓道。从这个层面而言,整个中华道统的背后其实就是儒家所信奉的尧舜禹汤之道。韩愈所谓的道统受到了佛教禅宗的影响,陈寅恪先生即指出,"退之固不世出之人杰,若不受新禅宗之影响,恐亦不克臻此"。尽管韩愈十分想跻身于道统,谓"使其道由愈而粗传,虽灭死,万万无恨"(《与孟尚书书》),事实上,后人并不认可其在道统中的地位,"由孟子而后,周、程、张子继其绝,至熹而始著"(《宋史·朱熹传》)。

朱熹明确提出"道统"一词,将韩愈关于"道"的理论进一步凝炼与提升,他认为:"自上古圣神继天立极,而道统之传有自来矣。其见于经,则'允执厥中'者,尧之所以授舜也;'人心惟危,道心惟微,惟精惟一,允执厥中'者,舜之所以授禹也。……夫尧舜禹,天下之大圣也。以天下相传,天下之大事也。……而其授受之际,丁宁告诫,不过如此。则天下之理,岂有以加于此哉?"(《四书章句集注》)而这也在一定程度上进一步拓宽了道统的历史。换言之，道统在后人理解的推演和发展中，还在不断地将其往前追溯。宋儒石介就曾谓"道始于伏羲而成终于孔子。道已成终矣，不生圣人可也，故自孔子来二千余年矣，不生圣人。……孔子后道屡塞，辟于孟子，而大明于吏部（韩愈），道已大明矣"（《尊韩》）。这种表述实际上是把儒学纳入到整个中华文化的视野中予以把握，极大地丰富了道统的内涵和精神。

宋代之后，元儒吴澄在朱熹的基础上，对整个道统做了一个更加细致和全面的描述。他说："道之大原出于天。羲、农、黄帝继天立极，是谓三皇。道统之传，实始于此。黄帝而后，少皋、颛帝、高辛继之，通尧、舜谓之五帝。尧、舜、禹、皋，君臣也，而并此唐、虞之际，所以为盛也。成汤、伊尹生于商之初兴，而传说生于商之中世，文、武、周、召生于周之盛际，而夫子生于周之既衰。夫子以来，始不得位，而圣人之道不行，于是始教授弟子，而惟颜、曾得其传。颜子早死，曾子传之子思，子思传之孟子，孟子没而不得其传焉。我朝周子始有以接乎孟子之传于千载之下。其时有邵子者，亦非常人也。二程子则师于周子，张子则友于二程，而传其学。中兴而后，又有朱子，集周、程、张、邵之大成，是皆得夫道统之传者也。圣贤继作，前后相承，吾道正脉赖以不坠。"（《全元文》）

这种描述，实际上是从一个更大的视野来理解道统的。三皇五帝，乃至伊尹、皋陶、召公等都被纳入到道统之中，维系和推动着道统的不断前进。自此之后，儒学对道统的理解和认知达成了一致，沿着朱熹所界定下来的道统传承路线，不断赋予其更大的权威，并以此来评判历史上历代儒家思想者所作出的贡献。可以说，道统在宋儒之后是以一种"尺度"存在的，成为衡量是否合于正统的一个标准。符合此种标准的儒家士子，便可获得配享孔庙而受历代祭祀的最高殊荣。

严格而言，儒家在道统上并没有达成根本的一致，比如荀子、张载等，在后世没有纳入到儒家的道统之中，但他们的思想学说及其影响，是不容否认的。当然，道统里面的"道"所指为何，人们并没有很细致地询问过。明儒王夫之明确地说"圣人之教也，是谓道统"，这是"天下所极重而不可窃者"。这就较为鲜明地指出了"道"的意义所在以及"统"的地位所在。他还进一步指出，"儒者之统，孤行而无待者也；天下自无统，而儒者有统。道存乎人，而人不可以多得，有心者所重悲也。虽然，斯道恒天垂地而不可亡者也，勿忧也"。（《读通鉴论》）可见道统虽然是一个外在的东西，但其背后实在是有一个"人"在支撑着。孔子曾经明确地说"士志于道"，又说"人能弘道，非道弘人"（《论语·卫灵公》），只有将道统的精神安置在人的内心，或者说，只有人们认识到道统的精神所在，致力于这种精神的实践，儒家道统才能不断被继承和发扬光大。

总而言之，儒家的道统将其源头推至整个中华文化的三皇那里，又将儒家所推崇的圣人全部纳入到此一大传统之中，极大地丰富了道统的包容性。孙中山先生也曾说过："中国有一个道统、自尧、舜、禹、汤、文、武、周公、孔子相继不绝。我的思想基础，就是这个道统。"这个道统既有哲学上的崇高性，也有宗教上的神圣性。从哲学上言，就是儒学的内在精神，它构成了人们认识整个宇宙自然的"天人合一"的思维理念，正如钱穆先生所言，它实是"整个中国传统文化思想之归宿处……是中国文化对人类未来可有之贡献"①；而宗教的神圣性则体现在牟宗三先生所言的，"道统之肯定，此即肯定道德宗教之价值，护住孔孟所开辟之人生宇宙之本源"②。正是道统所蕴藏的这种哲学和宗教的向心力

---

① 钱穆："中国文化对人类未来可有的贡献"，载《中国文化》，1991年第1期。
② 牟宗三：《道德的理想主义》，台北：学生书局，1982年，第152页。

和凝聚力,作为中华民族的精神支柱和信仰系统,它深刻地影响着整个中华文化的特质和内涵。尽管道统在当今已然失去了某些特质,但从精神上言之,它仍是理解和发展儒学乃至整个中华优秀传统文化的一个重要的路径。

第二章　儒学创始与国家意识的确立

　　春秋战国时代,周天子势微,天下无道,僭越礼制之事随处可见。社会动荡不安,反倒促成了学术思想上的"百花齐放",儒、墨、道、法、阴阳等思想流派不断涌现。各流派的先秦诸子针对混乱的社会现状进行反思,从各自角度提出不同见解与观点,相互论战,史称"百家争鸣"。这其中,孔子所创立的儒家学派无疑是最具影响力的。它的出现,不仅宣告了中国思想史一个全新时代的来临,更是直接左右了此后两千多年中华文明的历史进程。

一、孔子:儒家的精神导师

1.圣之时者——孔子的一生

　　"天不生仲尼,万古如长夜。"

　　这是北宋诗人唐子西夜宿客栈,在墙壁上偶得的一诗句,虽不知作者是谁,却被后世学子奉为圣言。

　　这里说的"仲尼",就是儒家学派的创始人,伟大的教育家、思想家孔子。

　　孔子,生于鲁襄公二十二年(前551),民间传说孔子出生前夜有龙绕室盘旋，出生后由于长相怪异，被父亲抛弃在野外，有老鹰飞来用翅膀为他遮阴打扇，老虎把他衔回山洞以乳哺养，抚养孔子的山洞被称为"夫子洞"，至今在尼山脚下仍可看见。这一所谓"龙生虎养鹰打扇"的传说，自然是后人为神化孔子而添加的神秘因素，不足为信。

孔子的少年时期比较清苦。他的先祖是殷商皇族，周灭商以后，商朝后裔被分封至宋国，孔子家族成为宋国贵族，后来孔子的曾祖孔防叔因内乱逃至鲁国，及至孔子出生时，已是家道中落。孔子的父亲叔梁纥是鲁国有名的勇士，他与第一个妻子施氏生有九个孩子，但都是女孩，再纳妾后，虽生下一男孩，可惜脚有残疾，在那个时代，女孩与身有残疾者都是不能继嗣的。因此，叔梁纥在六十多岁的时候又娶了颜氏之女，也就是孔子的母亲颜徵在。孔子三岁的时候，叔梁纥便去世了，孔子由母亲独力抚养长大。此时的孔子虽属于士阶层，但也仅仅是地位略高于平民，因此孔子说自己"少也贱，故多能鄙事"，言自己年少时身份低微。十七岁时，母亲颜徵在去世，根据礼俗，孔子将父母合葬于防，就是今天曲阜城东15公里处的梁公林。

此后的孔子开始独自谋生，先后做过委吏、乘田等小吏，就是管理仓库与畜牧的职业，虽都是所谓的"鄙事"，孔子却也十分认真地将其做好。鲁地浓厚的文化氛围加之好学的天性，孔子三十岁时便已闻名当时，开始授徒讲学。我们前面说过，孔子之前，接受教育是贵族子弟的专利，一般的平民是没有机会接受完整教育的。孔子开大规模私学之先河，主张有教无类，弟子从贵族到平民，涵括社会各个阶层。《史记·孔子世家》载"孔子以诗、书、礼、乐教，弟子盖三千焉，身通六艺者七十有二人"。孔子以"六艺"教授弟子，门下达三千人之众。传授弟子知识的同时，孔子也积极寻求治国之道，将理论与实践相结合，也正是在此期间，孔子逐渐形成了自己系统的理论学说，弟子学习后又将其传承下去，儒家学派由此诞生，并成为当时显学。

孔子所处时代"天下无道"，朝廷中天子势微，诸侯各自为政，诸侯国内大夫专权，从上到下，僭越礼制的事情随处可见。《论语·八佾》篇中就记有季氏"八佾舞于庭"一事。八佾，古时祭祀时的一种乐舞，一列八人为一佾，八佾即八行八列六十四人，按照周礼规定，周天子八佾，诸侯六佾，卿大夫四佾，士二佾。季氏只是鲁国的卿大夫，却以天子规格舞于家庙，难怪孔子会发出"是可忍也，孰不可忍也"的愤怒谴责。面对"礼崩乐坏"的社会乱象，孔子希望能匡扶乱世，却始终不得用。直到鲁定公九年（前501），五十一岁的时候，孔子终于迎来了实践自身治国理念的机会，他被定公任命为中都（今山东汶上）宰。根据《孔子家语》记载，孔子上任以后，制定了一系列使百姓生有所养死得其葬的制度礼节，提倡长幼食用不同的食物，强弱承担不同的分工，男女有别，路不拾遗，杜绝奢华伪饰，这一系列公共道德准则无疑都符合民众所愿，因此，为政一年，政绩卓著，引得各国诸侯纷纷效法，"一年，四方皆则之"（《史记·孔子世家》）。一年后，孔子被鲁定公提拔为小司空，负责鲁国建设、种植之类的事务，不久又升为大司寇，主管司法刑狱，位列三卿。这期间，孔子还在齐、鲁两国的夹谷之会中，辅佐定公依礼相争，让强势的齐国归还了之前侵占的四座城邑和汶河以北的领土。

当时的鲁国政权实际操控在"三桓"也就是季氏、孟氏、叔孙三家大夫手中，孔子认识到要改变悖礼的境况，归政于国君，必须要削弱三家的势力。因此，定公十二年，孔子提议"堕三都"，也就是拆毁三家封邑的城墙。这一举动明显触犯到了贵族阶层的切身利益，因此受到种种阻挠，最终，"堕三都"计划以失败收场，孔子与鲁国执政者之间也由此出现间隙。

夹谷之会以后，齐国担心鲁国在孔子的辅佐之下强大起来威胁到自身，于是采取腐化鲁国的策略，选送了八十名美女到鲁国，定公与主政的季桓子每天沉溺其中，多日不理政务。孔子知道在这种境况下，自己的政治抱负已难以得到实现，于是，鲁定公十三年（前497），孔子离开鲁国，率领众弟子周游列国。他们先后到过卫、宋、陈、蔡等多个国家。其间，有"惶惶如丧家之犬"的窘境，也有被给予过很高的礼遇，但终不得用。

鲁哀公十一年（前484），孔子自卫返鲁，结束了长达十四年的周游历程。回到鲁国的孔子专心搜集、整理文献典籍，教授弟子，"退而修诗书礼乐，弟子弥众，至自远方，莫不受业焉"（《史记·孔子世家》）。

鲁哀公十六年（前479），孔子去世，时年七十三岁。孔子逝后，葬于洙水之旁，弟子们为他服孝三年。"孔门十哲"之一的子贡更是在孔子坟旁筑屋，守墓六年方才离去。至今，在孔林里面的孔子墓旁，仍可看到"子贡守庐处"的历史遗迹。

孔子生前虽未能实现自己的政治理想，但他的思想学说对后世却影响深远。后世帝王为彰显孔子的伟大功绩，纷纷为其追封各种尊号。汉平帝元始元年（公元1年），追谥孔子为"褒成宣尼公"，开帝王加封孔子尊号之始。汉平帝又将孔子后人封为"褒成侯"，负责奉祀孔子。魏文帝太和十六年（492），谥孔子为"文圣尼父"。周宣帝大象二年（580），追封为"邹国公"。唐玄宗开元二十七年（739），追谥为"文宣王"。宋真宗大中祥符五年（1012），封为"至圣文宣王"。元成宗大德十一年（1307），加封"大成至圣文宣王"。

2.万世师表——作为教育家的孔子

曲阜孔庙的核心建筑大成殿，与北京故宫太和殿、泰安岱庙文岘殿并称

"东方三大殿"，是后世祭祀孔子的中心场所，历代帝王十分重视。因火灾重建于清雍正年间的大成殿殿内至今仍挂着清朝十位皇帝题写的匾额，正中的巨匾，是康熙皇帝亲书的四个大字"万世师表"。

在长达五十年的教育生涯中，孔子广收门徒，《史记·孔子世家》载："孔子以诗、书、礼、乐教，弟子盖三千焉，身通六艺者七十有二人。"

"有教无类"无疑是孔子对于教育最伟大的贡献。对于有教无类，黄侃在《论语集解义疏》中解释为："人乃有贵贱，同宜资教，不可以其种类庶鄙，而不教之也。教之则善，本无类也。"孔子不以身份、种族、贵贱作为招生条件，任何人都可以做他的弟子，"自行束脩以上，吾未尝无诲焉"（《论语·述而》）。"束脩"，就是学生拜师时献给老师的礼物，以示对老师的敬意。只要符合基本的入门礼仪，人人都可以成为孔子的弟子接受教育。冯友兰先生在《中国哲学简史》中指出，孔子"如此大招学生，不问身家，凡缴学费者即收，一律教以种种功课，教读各种名贵典籍，此实一大解放也"。

因为坚持有教无类的教育主张，所以孔子三千弟子中，既有贵族也有平民，有鲁国三桓之一孟孙氏子弟的孟懿子和南宫敬叔，也有"卞之野人"子路、"贱民之子"冉雍；既有富有之人也有贫穷之人，有"善货殖""家累千金"的子贡，也有箪食瓢饮居陋巷的颜回；既有年长者也有年少者，有只少孔子4岁的秦商，也有少孔子53岁的公孙龙；既有父子也有兄弟，有曾点、曾参父子，也有冉耕、冉雍、冉求三兄弟；既有中原国家的也有"夷狄"国家的，有中原的鲁、卫、齐、宋、陈等国的弟子，也有秦、楚、吴国的弟子。因此，《荀子·法行》篇中南郭惠子问子贡，"夫子之门，何其杂也"，子贡回答说："君子正身以俟，欲来者不拒，欲去者不止。且夫良医之门多病人，檃栝之侧多枉木。是以杂也。"君子端正身心对待前来求学的人，想来的不拒绝，想走的不阻拦。如同良医门前多病人，校正木器的工具旁边多弯木一样，夫子门下也会人员混杂。

在礼崩乐坏，"天子失官，学在四夷"的混乱时代，孔子首倡有教无类，广招门徒，无疑是一个十分伟大的壮举。近代思想家梁启超在他所著的《先秦政治思想史》一书中曾指出："凡思想皆应时代要求而产生，不察过去及当时社会状况，则无以见思想之起源。"有教无类的教育主张在义务教育普及的今天可能感觉不太明显，但放在教育为贵族专享的两千五百年前，无疑是具有超越时代的历史意义的。对此，美国学者顾立雅在《改革者》一文中写道："用这种一定程度的全民教育的倡导以及对那些来之于有抱负的平民'君子'进行教育的计划，孔子向世袭贵族秩序发动了最终的致命一击。"

"文、行、忠、信"是孔子教学的基本内容。清人刘宝楠解释为："文，谓诗、书、礼、乐，凡博学、审慎、慎思、明辨皆文之教也。行，谓躬行也。忠，尽心曰忠。恒有诸己曰信，人必忠信，而后可致知力行。"（《论语正义》）孔子传授给弟子的内容，既有诗、书、礼、乐这些文化知识，也有社会践行的实际运用，更有忠、信等君子品德的修养之道，可谓知、行合一，德、智兼备。

虽然四教是统一的教授内容，但孔子在教学过程中并不僵化，他十分注重学生各自的特性，因材施教，因人而异地去予以不同引导。《论语·先进》篇中记载了一个十分有代表性的例子：

子路问："闻斯行诸？"子曰："有父兄在，如之何其闻斯行之？"
冉有问："闻斯行诸？"子曰："闻斯行之。"
公西华曰："由也问闻斯行诸，子曰，'有父兄在'；求也问闻斯行诸,子曰,'闻斯行之'。赤也惑,敢问。"子曰:"求也退,故进之;由也兼人,故退之。"

弟子子路向孔子请教:"听到一件合于义理的事,就应该立刻去做吗?"孔子回答说:"父亲和兄长还活着,怎么可以不先请教他们而听到了就去做呢?"随后,冉有也请教同样的问题:"听到一件合于义理的事,就应该立刻去做吗?"孔子回答说:"听到了就应该立刻去做。"公西华听说了这件事,有些不解,遂向孔子问道:"仲由(子路)问'听到一件合于义理的事,就应该立刻去做吗'时,您回答'父亲和兄长还活着,怎么可以不先请教他们而听到了就去做呢?'冉求(冉有)问同一问题时,您却回答'听到了就应该立刻去做'。同一问题却是不同的答复,我有些困惑了,所以想请教老师这是什么原因呢?"孔子道出了其中缘由:"冉求个性懦弱,见义常畏缩不前,所以我要拉他向前,鼓励他进取;仲由个性好勇敢前,常一人兼做两人事,因此我要抑他向前,提醒他退让。"

再有《论语·颜渊》篇中,弟子问仁,孔子分别给予了不同诠释:

颜渊问仁。子曰:"克己复礼为仁。一日克己复礼,天下归仁焉。为仁由己,而由人乎哉?"

仲弓问仁。子曰:"出门如见大宾,使民如承大祭。己所不欲,勿施于人。在邦无怨,在家无怨。"

司马牛问仁。子曰:"仁者,其言也讱。"

樊迟问仁。子曰:"爱人。"

对同一问题,却有着不同的回答,这并非孔子缺乏执着的教学理论,而是孔子针对不同弟子、不同背景给予的灵活解答。龙生九子,尚且各有不同,如此众多的弟子在天资、喜好、特长各方面肯定有所差异。"柴也愚,参也鲁,师也辟,由也喭"(《论语·先进》),孔门弟子中,高柴性格愚直,曾参性格鲁钝,子张性格偏辟,而子路性格刚猛。作为一名伟大的教育家,孔子"视其所以,观其所由,察其所安"(《论语·为政》),通过对弟子日常举止的观察,了解和掌握弟子各自性格特点,再针对性地施以对应的引导。因此,孔子教授出来的弟子,不是工厂流水线上的无差异产物,而是学问上各有所长,应世各有所用的人才,如《论语·先进》篇中所载:"德行:颜渊、闵子骞、冉伯牛、仲弓。言语:宰我、子贡。政事:冉有、季路。文学:子游、子夏。"

"有教无类"的办学理念,"因材施教"的教育方法,"不愤不启,不悱不发"的教学原则,"诲人不倦"的执教精神,孔子伟大的教育思想是留给世人的至臻瑰宝,即使对现今的教育也仍旧具有十分重要的指导意义,"万世师表"可谓实至名归。

3. 斯文在兹——作为精神导师的孔子

"万世师表"匾额的下方,是另一块光绪皇帝手书的匾额——"斯文在兹"。

"斯文在兹"四字出自《论语·子罕》篇:"子畏于匡,曰:'文王既没,文不在兹乎!'天之将丧斯文也,后死者不得与于斯文也;天之未丧斯文也,匡人其如予何?"孔子周游列国路过匡地(今河南长垣),可能容貌相仿的缘故,被匡人误认作曾欺凌他们的季孙氏的家臣阳虎,将他与众弟子围困了五天。面对危情,弟子们有些惧怕,孔子安慰他们说:"周文王死后,'文'不就在我身上吗?如果天要让它消亡,就不会让我得知它。如果天不让它消亡，匡人又能把我怎么样啊？"

危急关头，孔子淡定从容，坚信上天赋予他弘道之责，文王所传之道也就是"文"，是不会断绝的。那么，孔子口中的这个"文"究竟是什么呢？对此，朱熹曾注曰："道之显者谓之文，盖礼乐制度之谓。"（《四书章句集注》）朱熹认为这个"文"就是孔子所承继的周代礼乐制度，对此，颜炳罡教授作了更为精准而全面的诠释："孔子所谓的'文'既包括礼乐制度，也包含诗书传统、射御书数，还有化'野'为'文'的人文教化，可以说是夏、商、周三代因革损益的历史演进积累而成的整个华夏民族的文化传统。"①

孔子生活的春秋时期，周王室衰微，诸侯纷争，社会动荡。周礼所具有的"训上下之则""帅长幼之序"的规范约束功能丧失殆尽，僭越礼制之举成为社会常态，子杀父、臣弑君屡见不鲜。面对"礼崩乐坏"的混乱状况，孔子上继禹、汤、文、武、周公三代之伟业，自觉肩负起复兴西周的历史重责，力求使国家上下有序，社会回归稳定，人心得以安宁。长久的动荡之中，所谓的"天命""神明"给予不了安稳的生活，人们内心失去了精神支柱。在这一历史关键时期，孔子坚信"斯文在兹"，提出"克己复礼"的为仁之道，倡导人们克制自己不当的思想与言行，努力恢复周朝礼制，自觉担负起人民的精神导师之责。正如杜维明教授所言："这种自觉意识取决于一种根深蒂固的信念，即人类文明的延续不只是历史的事实，而且也是超越的实在的展开，使孔子能够培育出一种使命感。"②

正是这种高度自觉的历史使命感，使得孔子上继往圣，下开来学，成

---

① 颜炳罡："孔子在中国文化史上的地位及其成因（上）——兼评'去圣化'倾向"，载《孔学堂》，2014年第1期。
② 杜维明：《杜维明文集》第三卷，武汉：武汉出版社，2002年，第504页。

为中华文化承上启下的集大成者。宋代大儒朱熹直言:"自尧舜以下,若不生个孔子,后人去何处讨分晓?"他的弟子季通也说:"天先生伏羲尧舜文王,后不生孔子,亦不得。"(《朱子语类》)如果没有孔子,尧、舜、禹、汤、文、武、周公之道都将无人阐明与传承,而古之典制文物也会湮灭不继。孔子弟子子贡讲:"文武之道未坠于地,在人。"(《论语·子张》)这个让"文武之道"不致坠地失传之"人"就是孔子,孔子在肩负起承继文武之道的同时,也将它传授弘扬于后世。坐落于山东曲阜的孔子研究院,院中有两座钟亭,东西相对,分别命名为"明先"亭与"觉未"亭。名字出自元武宗加封孔子为"大成至圣文宣王"诏书:"先孔子而圣者,非孔子无以明;后孔子而圣者,非孔子无以法。""明先""觉未"便意指孔子倡明先圣之志,启觉后来之道。

明末清初著名思想家王夫之讲:"法备于三王,道著于孔子。"(《读通鉴论》)先王之法在孔子之前,虽有实际运用,但散乱不成文,百姓日用而不知,直到孔子,才将其整理细化成系统的理论体系,传授于后世。而且包括尧、舜、禹、汤、文、武在内的历代先王对礼法的运用,都是出于治理国家的政治需要,而非弘扬传承的历史职责与文化自觉。只有到了孔子,才真正是以"天生德于予"的高度历史使命,自觉肩负起了人类精神导师的历史重责。因此,柳诒徵先生明确指出:"孔子者,中国文化之中心也。无孔子则无中国文化。自孔子以前数千年之文化,赖孔子而传;自孔子以后数千年之文化,赖孔子而开。"①而梁漱溟先生也说:"孔子以前的中国文化差不多都收在孔子手里,孔子以后的中国文化又差不多从孔子那里出来。"

天不生仲尼,万古长如夜!

---

① 柳诒徵:《中国文化史》,北京:东方出版社,2008年,第226页。

二、儒学与百家争鸣

1.孔门弟子与儒学传播

孔子30多岁即开办私学,随着办学规模和影响力的扩大,鲁国及齐、宋、卫、陈、蔡、吴、楚等国的平民、商人,甚至贵族都慕名而来,门人众多,"弟子盖三千焉,身通六艺者七十有二人"。孔子教授弟子以文、行、忠、信。"此夫子教人先后浅深之序也"①。孔子因材施教,使弟子们各有所长,据《论语·先进》记载,孔门弟子当中,德行有颜渊、闵子骞、冉伯牛、仲弓所长;言语有宰我、子贡所长;政事有冉有、季路所长;文学有子游、子夏所长。

颜回(前521—前481年),字子渊,是孔子最喜欢的一个弟子,后世尊称为"颜子"。颜氏家族原是鲁国的名门望族,到颜路、颜回父子时,家境没落,过着身居陋巷、箪食瓢饮的清贫生活。颜回十三四岁时拜孔子为师,天分颇高加之刻苦勤奋,因此学业精进,深得孔子赞许:"吾见其进也,未见其止也。"(《论语·子罕》)颜回自从追随孔子,便时刻陪侍在侧,对孔子恭敬有加。25岁时,他跟从孔子周游列国。陈蔡绝粮之际,孔子等人几天几夜没有进食,子贡想方设法找来一些米,让子路和颜回煮饭,忽然有烟灰掉入饭中,颜回赶紧将弄脏的饭取出来吃掉了。子贡以为颜回偷吃,就把这件事告诉了孔子。孔子相信以颜回的品德不会做出这样的事,其中必有缘由。当问起这件事时,颜回解释道:"刚才做饭的时候有块烟灰掉到饭里了,我想不管它,饭就不干净了;如果倒掉又太可惜了,所以我就将之取出来吃掉了。这饭已经不能用来祭祀了。"孔子欣慰地说道:"是啊! 我也吃吧! "从这一记载可以看出,颜回修养之

---

① 程树德:《论语集释》(二),北京:中华书局, 1990年,第628页。

深厚,早为孔子所熟知。①依照颜回的德行和学识,完全有资格继承孔子的衣钵,可惜40岁时英年早逝。对颜回的死,孔子悲痛万分:"噫! 天丧予! 天丧予!"跟随孔子的人说:"您悲伤过度了!"孔子说:"是悲伤过度了吗? 不为这个人悲伤痛哭,又为谁呢?"孔子的悲伤痛哭,既是痛惜颜回的早逝,也是悲痛自己道不得继。

子贡(前520—前456年),复姓端木,名赐,小孔子31岁,卫国人。孔子称其为"瑚琏之器"。他长于经商,家累千金,亦极善言辞,是孔门四教中言语科的佼佼者,曾仕于鲁、卫两国,《史记·仲尼弟子列传》载"故子贡一出,存鲁,乱齐,破吴,强晋而霸越",显示了卓越的才智与能力。子贡不但聪明,而且十分好学,侍于孔子之侧,每有所问,问政、问仁、问贤、问礼、问友、问怒、问君子、问好恶,《论语》中载子贡有37处之多,仅次于子路。孔子对这位聪明的弟子十分喜爱,偶尔也会"敲打"一下,防其骄矜。《论语·宪问》中记载,子贡方人,子曰:"赐也,贤乎哉? 夫我则不暇。""方"当"评论、对比"讲。子贡评论别人的短处,孔子说:"赐啊,你真的就那么贤良吗? 我可没有闲工夫去评论别人。"子贡谨记孔子的教诲,当朝中同僚说"子贡比仲尼更贤"时,他惶恐言道:"我的墙只高及肩,人在墙外,便可窥见家屋之好。我们夫子的墙高万仞,若不从大门进去,便看不到里面宗庙之美、百官之富。能进入夫子之门的人应是太少了!"②孔子去世后,孔门弟子守丧三年,唯独子贡在墓旁草庐守丧六年才肯离去。

子路(前542—前480年),姓仲,名由,又字季路,小孔子9岁,鲁国人。子路是孔子最早期的弟子之一,跟从孔子时间最长。他以勇猛著

---

① 杨朝明、宋立林:《孔子弟子评传》,北京:中国社会出版社,2012年,第64页。
② 钱穆:《论语新解》,北京:三联书店,2002年,第498页。

称，自从拜入孔门，便形影不离地跟随和保护孔子。孔子曾说："自吾得由也，恶言不至于门。"（《孔丛子·论书》）子路勇敢，言出必行，只要答应了人，没有不践行承诺的。但也直爽、莽撞，即便是面对老师，子路认为有不合礼处，也敢于当面顶撞。孔子路过卫国时，不得已去见了名声不太好的灵公夫人南子，子路当即向老师表达了自己的不满。因为子路鲁莽的性格，孔子多次提出批评，甚至无奈地说："子路这个性格，恐怕不能得到善终吧。"不想孔子一语成谶。一次卫国发生宫廷内乱，子路正在外地，他遵循"食其食者不避其难"的忠义原则，"闻之而驰往"，搏杀中，不幸被击断帽缨，子路认为"君子死而冠不免"，这是礼仪规范，无论何时都不应违背，"遂结缨而死"（《史记·仲尼弟子列传》）。子路以自己的生命向世人昭示了儒家学说的内涵，成为宣传儒家思想的一面旗帜。

子游（前506—前432年），姓言，名偃，字子游，吴国人，是孔子后期学生中的佼佼者。孔门弟子贤者众多，子游被列为文学一科之首，可见其对《诗》《书》《礼》《易》等经典掌握之纯熟。在孔子众弟子中，子游可谓是勤奋好学的代表人物之一。《孔子家语·弟子行》记载孔子评价子游的一段话："欲能则学，欲知则问，欲善则详，欲给则豫，当是而行，偃也得之矣。"子游谦虚好学，求知欲强，善于钻研，凡事追根溯源，探求究竟，《论语》《礼记》中有多处记载子游向孔子问"孝"、问"礼"。子游在学习和实践礼的过程中，将其所闻、所见与所思、所感相结合，凡有困惑或疑问，总是及时请教孔子。凭借着孔子因材施教的教育传统和子游勤奋好学、刻苦钻研的态度，子游对孔子礼学进行了继承和发扬，并且形成了自己的礼学风格。

子夏（前507—前420年），姓卜，名商，晋国人。他以文学见长，对儒家六经之学的传承，居功至伟，且对后世之学术思想史产生了不可替代的影响。孔子居卫长达五年之久，子夏在孔子身边朝夕侍奉，其学问当渐至小成。归鲁之后，子夏为莒父宰，管理政事。孔子逝世之后，子夏也离开鲁国，前往魏国，在西河之地设帐教学，开创了对后世影响极大的西河学派。

孔子去世后，弟子们为孔子守丧三年，《孔子家语·终记解》说："二三子三年丧毕，或留或去，惟子贡庐于墓六年。"司马迁的记述与之相近，《史记·孔子世家》载："三年心丧毕，相诀而去，则哭，各复尽哀；或复留。唯子赣庐于冢上，凡六年，然后去。"此后孔子弟子们的去向，根据《史记·儒林列传》记载，"自孔子卒后，七十子之徒散游诸侯，大者为师傅卿相，小者友教士大夫，或隐而不见。故子路居卫，子张居陈，澹台子羽居楚，子夏居西河，子贡终于齐。如田子方、段干木、吴起、禽滑厘之属，皆受业于子夏之伦，为王者师"。弟子散居各地，宣扬孔子和儒家学说，使孔子思想得以传于各国，并发扬光大。

2.孟子：居仁由义与大丈夫品格

孟子（约前372—前289年），名轲，字子舆，战国时期邹国（今山东邹城）人。孟子幼时父亲就去世了，母亲仇氏独力将他抚养长大。教子有方的孟母为幼时的孟子打下极好的基础，"孟母三迁""断机教子"成为千古传诵的佳话。

孔子被尊称为"至圣先师"，孟子则被称为"亚圣"，就是仅次于孔子的圣人。《史记》说孟子"受业于子思之门人"，子思就是孔子的孙子孔伋，曾子的学生。孟子对孔子十分敬崇，在孟子看来，自从人类诞生以来，没有比孔子再伟大的人了，"出于其类，拔乎其萃，自生民以来，未有盛于孔子也"，因此他一生以继承孔子衣钵为志，"乃所愿，则学孔子也"

（《孟子·公孙丑上》）。

在孔子思想体系中，仁是其核心，义是孔子对君子提出的道德取舍标准。孟子继承并发展了孔子关于仁和义的思想理论，将二者列入"四端"之中。所谓四端，就是由人性中固有的情感扩充而产生的四种德性，即仁、义、礼、智，"恻隐之心，仁之端也；羞恶之心，义之端也；辞让之心，礼之端也；是非之心，智之端也"（《孟子·公孙丑上》）。孟子更大的贡献是将仁、义并举，这是发孔子之未发，正如张岱年先生所指出："孟子发挥孔子的思想，亦以仁为人生之第一原则；而又极重视义，仁义并举，以为生活行为之基本准衡。孔子哲学的中心观念是仁，孟子哲学的中心观念则是仁义。"[1]

在孟子看来，仁离开义就无法落到实处；义离开仁就没了归属，两者互为依归。仁义是最基本的道德规范，是人之为人的必备因素，"仁，人心也；义，人路也"（《孟子·告子上》），仁是人所固有的精神内核，义则是人之为人的必由之路。仁义之于人，孟子做了一个非常形象的比喻，他说："仁，人之安宅也；义，人之正路也。旷安宅而弗居，舍正路而不由，哀哉！"（《孟子·离娄上》）仁好比是人们最舒适的住宅，义好比是人们最为正确的道路。放着舒适的住宅不去住，舍弃正确的道路而不走，岂不是太悲哀了！那么，正确的选择是什么？孟子讲："居仁由义，大人之事备矣。"（《孟子·尽心上》）以仁作为心的居所，以义作为行事的道路，如此就可成为君子、圣人了。

"居仁由义"是孟子提出的一个重要道德命题。内心存仁，行事循义，以此为核心，孟子构建了自己的理想人格。所谓理想人格，就是一个社会或阶级所树立起来的立身行事的楷模。"在一定的文化环境和社会

---

① 张岱年：《中国哲学大纲》，北京：中国社会科学出版社，1982年，第264页。

制度中，出于现实的需要，人们的利益、要求、期望集中于一个楷模身上，即为理想人格。"①理想人格是这个社会或阶级的人们行为的导向和努力的目标，是最为完善的人格展现。历史已经证明，每个不同的社会和阶级都会根据历史发展的趋势和需要，构建起相应的理想人格范式，作为人们趋善效仿的榜样。

　　蔡元培先生在他的《中国伦理学史》中说："孔子以君子代表实行道德之人格，孟子则又别以大丈夫代表之。"孔子的理想人格是"圣人"和"君子"，孟子的理想人格则是"大丈夫"。何谓"大丈夫"？《孟子·滕文公下》篇中，纵横家景春对孟子曾有此问，他说："公孙衍、张仪岂不诚大丈夫哉？一怒而诸侯惧，安居而天下熄。"公孙衍与张仪都是战国时期纵横学派的代表人物，其中张仪就是连横外交策略的创始人，两人都是天下奇才，能一怒而天下诸侯惧怕，安居下来则天下平安无事，他俩应该算是真正的大丈夫了吧？孟子却不以为然，他给出了真正的大丈夫标准："居天下之广居，立天下之正位，行天下之大道；得志，与民由之；不得志，独行其道。富贵不能淫，贫贱不能移，威武不能屈，此之谓大丈夫。"对此，朱熹释为："广居，仁也。正位，礼也。大道，义也。与民由之，推其所得于人也；独行其道，守其所得于己也。淫，荡其心也。移，变其节也。屈，挫其志也。"（《四书章句集注》）在孟子看来，真正的大丈夫应该是住在天下最宽广的住宅里，站在天下最正确的位置上，走在天下最光明的大道上，也就是"居仁""守礼""由义"。得志的时候，能够与老百姓一起循着正当的大道前进；不得志的时候，自己能够坚守原则。富贵不能乱其心，贫贱不能变其志，威武不能屈其节，这样的人才可称之为

①　曹凯麟、曹刚：《重释传统儒家思想的现代价值评估》，上海：华东师范大学出版社，2000年，第108页。

大丈夫！

"富贵不能淫,贫贱不能移,威武不能屈",孟子所提出的大丈夫人格是人们高尚气节的展现与独立精神的追求。春秋战国时期是我国历史上社会剧烈变革的时代,新旧势力矛盾丛生,诸侯争霸混战,社会动荡不安,"争地以战,杀人盈野;争城以战,杀人盈城"(《孟子·离娄上》),哀鸿遍野。在那个动乱的年代,孟子不惧强权,为唤醒社会良知,恢复社会秩序,高举"居仁由义"的正义旗帜,以"持志养气""求其放心""反求诸己"等修养方法,构建起"大丈夫"理想人格,为世人树立起高尚、独立的人格典范。孟子所构建的大丈夫人格,相比孔子的圣人理想人格,更为具体,也更易践行。其所蕴含的不卑不亢的英雄气概也融入到了中华民族精神之中,成为历代仁人志士矢志不渝的精神追求。

3.荀子:隆礼重法与制度建设

荀子(前313—前238年),名况,又号荀卿,战国末期赵国(今河北邯郸)人。西汉时因避汉宣帝名讳,又称孙卿。荀子50岁时游学于齐国,在稷下学宫三次担任祭酒一职,其学说备受时人推崇,其弟子有李斯、韩非、公孙尼子等,贾谊是他的再传弟子。与孟子的"人性善"相对,荀子提出"人性恶"的理论主张,"表面上看起来,荀子对人性的评价很低,而事实上,恰恰相反,荀子的理论可以称之为一种文化哲学"。[1]荀子思想的最大特点就是注重现实,不拘泥于前人思想,针对社会现状发展创新,被称为"现实主义流派"[2]。

战国时期,以秦国为首的国家开始由封建制向郡县制转变,政治权

---

[1]　冯友兰:《中国哲学简史》,北京:新世界出版社,2004年,第127页。
[2]　冯友兰:《中国哲学简史》,北京:新世界出版社,2004年,第125页。

力也由血缘宗法组织转向了行政政治组织。这一转变摆脱了政治权力的"世袭"方式，推动了"尚贤举能"的用人方法的出现。荀子也试图通过将儒家确切定位来回应国君对于儒家是否有益于新型国家发展的疑问。根据《荀子·儒效》篇记载，秦昭王曾对儒者所起到的社会作用产生质疑，荀子则肯定地回答："（儒者）势在人上，则王公之材也；在人下，则社稷之臣，国君之宝也。"围绕这个主题，荀子做出了更加详细的论证和解说，意在向秦昭王表明"儒家在新的政治格局下依然可以发挥其重要的作用"①。

　　战国末期，百家争鸣，杨墨之言盛行，儒学却出现衰微的局面，荀子开始对儒家群体进行审视和反思。其一，他称那些不做学问、重利轻义的儒者为"俗儒"，批评他们这些人衣冠行为同于世俗，不知在持守大道的同时必须以改革的态度统一法度，不知在法度革新方面要法后王，不知尊崇礼义比传诵诗书更重要，在观念和行为上表现出了世俗之人的迂腐。其二，他称子张、子夏、子游等先贤门下那些只知模仿圣人外表，却终日默而不言的人为"贱儒"，批评他们苟且偷安或偷懒怕事，没有廉耻之心只顾贪于饮食，不善君子之辩只能忍受侮辱谩骂，有失圣贤门风。这反映了在战国后期走向统一的时代，荀子谋求设立共同思想标准的意图。②其三，他称那些不推崇礼义，只是学些杂乱的学说，循习诗书而不求甚解不知通变的儒者为"陋儒"，批评那些明察善变却不崇尚礼法的儒者为"散儒"。他认为追溯先王，会通诗书精义，遵行礼法才是儒者的立身之本。另外，他对愚昧无知牵强附会的"瞀儒"、不善于君子之辩的"腐儒"、不正礼乐的"颂数之儒"都进行了批评。

① 　干春松："'贤能政治'：儒家政治哲学的一个面向——以《荀子》的论述为例"，载《中国哲学》，2013年第5期。
② 　陈来："'儒'的自我理解——荀子说儒的意义"，载《北京大学学报》，2007年第5期。

针对当时的社会状况，荀子提出"隆礼重法"的治国之道。《荀子·强国》说："人君者，隆礼尊贤而王，重法爱民而霸，好利多诈而危，权谋倾覆幽险而亡。""隆礼"，是荀子政治学说的核心思想，"礼"字在《荀子》书中出现300多次。在荀子看来，"礼"包括以下内容：礼是治国之本，为政的前提；礼是满足人类物质生活需要而对财富进行分配的标准；礼是系统性的等级制度；礼是社会成员一切生活行为的规范，是社会成员活动的规定界限和标准；礼是教化的工具；礼是礼节，是仪式。①荀子"隆礼"，同时也"重法"，他往往将礼法并提。《荀子·性恶》篇："明礼义以化之，起法正以治之。"《荀子·成相》篇："治之经，礼与刑，君子以修百姓宁。"《荀子·君道》篇："隆礼至法，则国有常。"荀子认为，礼法之间，有主有次，先行礼，后行法。礼高于法，是法的依据。法是礼的辅助手段，但又不可或缺。值得注意的是，荀子主张用法治来弥补礼治的不足，但不提倡滥用刑法。所以，他又提出"有治人，无治法"（《荀子·君道》）的观点，治理国家的关键在于人，而不在于法，归根结底在于统治者。

对于儒者，荀子认为应效法先贤大儒。治理国家的儒者，要善于协调天下秩序，可做天子、三公，就像仲尼、子弓一样的圣人。这样的大儒"通则一天下，穷则独立贵名"，"法先王，统礼义，一制度，以浅持博，以古持今，以一持万；苟仁义之类也，虽在鸟兽之中若别白黑；倚物怪变，所未尝闻也，所未尝见也，卒然起一方，则举统类而应之，无所儗㤪；张法而度之，则晻然若合符节"（《荀子·儒效》）。具体来说，大儒可以做到：效法古代的圣明帝王，以礼义为纲纪，统一制度；拿浅近简易的事理来推求博裕庞杂的事理，以先王之道驾驭今世之变，以礼义统驭万物；如果是合乎仁义的事情，即使存在于鸟兽之中，也能像辨别黑白一样把它辨认

① 廖名春：《〈荀子〉新探》，北京：中国人民大学出版社，2014年，第141—144页。

出来；奇特的事物、怪异的变化，虽然从来没有听见过，从来没有看到过，突然在某一地方发生，也能应之以道而无所迟疑和不安，衡之以法而如同符节之相合。荀子以周公为例，论述武王崩后，成王年幼，周公兼制天下政事，如"固有之"，"杀管叔，虚殷国"，"立七十一国"，"教诲开导成王"，待天下固安后，遂把周的王位归之于成王，周公北面为臣，天下安然如一。周公之举起到的功效被称作"大儒之效"，"非圣人莫之能为"。而像仲尼、子弓那样的大儒，虽未行周公所行之事，而吻合周公必为之事；虽未尽周公所尽之能，而吻合周公应尽之能。荀子又论道，"其言有类，其行有礼，其举事无悔，其持险应变曲当；与时迁徙，与世偃仰，千举万变，其道一也，是大儒之稽也"（《荀子·儒效》）。由此可知，大儒之所以能够以百里之地而齐一天下，除暴安民，道德声名传播于四海，人民莫不崇敬，皆来自其高尚的道德修养。

　　荀子援法入礼，"隆礼而不轻法，这给儒家传统的礼治观、德治观注入了崭新的时代内容"①，也反映出他心系天下而通权达变的治世精神。另一方面，也可以看出荀子对儒者的重新定位。法先王、遵礼法、通诗书、善言辩，这恰是荀学的所思和所重。

三、儒学独尊与国家意识形态的确立

1. 刘邦拜孔子

　　由于统治者的苛政暴行，幻想万世的秦朝仅仅二世就被终结。四年的楚汉之争后，刘邦打败项羽，建立了西汉王朝。唐代诗人章碣曾作《焚书坑》一诗："竹帛烟消帝业虚，关河空锁祖龙居。坑灰未冷山东乱，刘项

---

① 廖名春：《〈荀子〉新探》，北京：中国人民大学出版社，2014年，第106页。

原来不读书。"这里的"刘项"指的就是刘邦、项羽。市井小吏出身的刘邦以武力得天下,对喜好咬文嚼字,动辄"称说诗书"的儒生不屑一顾,称他们为"竖儒""腐儒"。他说:"吾遭乱世,生不读书,当秦禁学问,又自喜,谓读书无所益。"颇为无赖的刘邦甚至有过"溺儒冠"的举动,就是拿儒生的帽子当尿壶,对儒生的轻视可以想见。然而就是这位曾"溺儒冠"的汉代开国皇帝,却在晚年,也就是公元前195年,做了一件影响后世甚远的大事,那就是"以太牢祀孔子"。

《汉书·高帝纪》载:"高帝击淮南王黥布,还过鲁,以太牢祀孔子。"公元前195年,淮南王黥布起兵作乱,汉高帝刘邦亲自前往征讨。平定叛乱之后,返途中路过鲁地(今山东曲阜,也就是孔子出生地),刘邦以太牢之礼前往孔庙祭祀了孔子。古代帝王在祭祀社稷时,牛、羊、猪三牲具备称为"太牢",是祭祀的最高等级。

从"溺儒冠"到"以太牢祀孔子",向来轻视儒家的汉高祖为何对儒家的态度发生这么大的转变?这儿有两个人不得不提,那就是陆贾与叔孙通。

陆贾(约前240—前170年),汉初楚人。早年间随刘邦南征北战,以善辩之才出使游说,立下不少功劳,被当时的人们称为"有口辩士"。天下初定以后,陆贾常在汉高帝面前论及《诗经》《尚书》这些典籍。本来就对儒学没什么好感的汉高帝不耐烦了,骂称:"乃公居马上而得之,安事诗书!"老子骑马打天下,哪儿还用得着《诗》《书》这一套!陆贾随即反问道:"居马上得之,宁可以马上治之乎?"你在马上得天下,难道也能在马上治理天下吗?随后陆贾以商汤王、周武王以及夫差、智伯、秦朝为例,从正反两方面论述了治国中"逆取顺守"的重要性。汉高帝闻听颇为警醒,于是命陆贾"试为我著秦所以先天下,吾所以得之者何,乃古成败之国"。陆贾从一个国家兴衰存亡的历史经验与教训着手,写了治国方略十二篇,述以儒家治国安民之道。"每奏一篇,高帝未尝不称善,左右呼万岁,号其书曰'新语'"。(《史记·郦生陆贾列传》)

如果说陆贾论述的儒家治国之道是一长远之计,那么被司马迁誉为"汉家儒宗"的叔孙通,则让汉高祖非常直观地感受到了儒家文化的价值所在。

叔孙通,生卒年不详,汉初薛(今山东滕州)人。鉴于秦朝灭亡的教训,刘邦称帝后把秦朝的苛政繁仪全部取消,"悉去秦苛仪法",只保留了一些简单的规则。秦制的废除,一方面让人心得到安抚,但另一方面仪制的全面废除也留下了诸多弊端。与市井出身的皇帝一样,一同打天下的部将也多出身于社会底层,像大将樊哙在追随刘邦之前就是以杀狗为营生的。原本就随意惯了,加上没了朝仪的管束,朝堂之上常常出现"群臣饮酒争功,醉或妄呼,拔剑击柱"的乱象,这让汉高帝头疼不已。通达时变的叔孙通趁机进言:"夫儒者难与进取,可与守成。臣原征鲁诸生,与臣弟子共起朝仪。"(《史记·刘敬叔孙通列传》)

叔孙通原为秦朝"待诏博士",秦二世暴政之下,寻机逃离了虎口。后相继仕于项梁、楚怀王、项羽,最终归从刘邦。从其复杂的阅历就可看出,叔孙通的通达权变远非"不知时变"的普通儒生所能相比。"难与进取,可与守成"几个字,将儒学的社会功用总结得极其精准。他承认儒学在武力得天下的过程中作用微乎其微,同时也强调了赢得天下以后儒学不可取代的社会功用。叔孙通深知已得天下的刘邦此时更需要什么。他对汉高祖说:儒生虽不能为您打天下,却能够为您守天下。现如今我愿召集鲁地的儒生,与我的弟子一起为您制定规范秩序的朝礼。汉高帝担心又会回到繁琐秦制的老路上,叔孙通对他说:"五帝异乐,三王不同礼",我会根据现在的情况,糅合古礼与秦仪,重新制订出一套简单可行的新礼仪。

在获得高帝准许后,叔孙通征聘熟悉礼乐的鲁地儒生与弟子一起制定、演习朝制礼仪,礼成之后又教授给群臣学习演练。汉高帝七年(前200)十月,长乐宫建成,诸侯及群臣前来参加岁首大典,在叔孙通的调教下,整个仪式庄严肃穆,井然有序,"自诸侯王以下莫不振恐肃敬"。看到这一场景,汉高帝不由感叹道:"吾乃今日知为皇帝之贵也!"

正是有了陆贾、叔孙通等儒士们的努力,再加上巩固统治的需要,才有了汉高帝"以太牢祀孔子"的举动。刘邦拜孔子,不是一次单纯的帝王举动,它开创了帝王祭祀孔子的先河,从此意味着孔子的地位得到了官方认可,儒家思想所凸显的社会价值正日益受到统治者们的重视。

2.《过秦论》与儒家长治久安之道

秦朝在与其他六国的战争中,以其强大的军事实力攻城略地,统一了纷争乱世,然而仅仅十余年时间便二世而亡。秦朝的快速灭亡使得西汉的一批有识之士从巩固汉王朝的角度出发,开始反思秦亡的原因,在西汉初年掀起了一股"过秦"思潮。所谓"过秦",就是批判评说秦朝的过失。在这股思潮中,具有忧患意识的儒家成为领袖,他们在反思秦朝覆灭的基础之上,结合儒家学说,力求为汉王朝找到长治久安之道。"三贾"就是其中的代表人物。

"三贾",除了前面提及的陆贾,还有贾山与贾谊。陆贾在《新语》中指出,秦朝之所以速亡,首先就在于过度依赖法家学说。秦以法兴国,却也导致了统治者过于信赖法家学说,将其视为万能法宝。秦统一之后,更是"以吏为师,以法为教",官吏是知识的唯一传授人,而传授的内容也只限于法令制度。武力刑罚成为统治者治国顺民的唯一手段，"举措太众，刑法太极"（《新语·无为》）。暴政虐民，必然带来覆亡的隐患，"秦以刑法为巢，故有覆巢破卵之患"（《新语·辅政》）。

陆贾认为，汉王朝要想长治久安，就应"行仁义，法先圣"，行仁义之道，学习古代圣王的作法，反秦之道行之。他举例说："尧以仁义为巢……故高而益安，动而益固。"（《新语·辅政》）在治国手段上，陆贾主张轻刑尚德。一方面承认刑法是维护社会稳定的必要措施，认为其可以"诛恶"，包括先圣也以其作为"异是非，明好恶，检奸邪，消佚乱"（《新语·道基》）的必要措施，另一方面更强调德教，认为统治者应"设刑者不厌轻，为德者不厌重；刑罚者不患薄，布赏者不患厚，所以亲近而致疏远也"（《新语·至德》）。

贾山，生卒年不详，颍川（今河南禹县）人。他在向汉文帝上奏的《至言》一文中，"以秦为喻"，为汉文帝提出了治乱之道。贾山指出，秦之所以灭亡，是因为赋税杂役繁重，人民不堪重负，再加上统治者穷奢极欲，"不笃礼义"，最终导致亡国。为此，他建议汉文帝广开言路，招贤任能，以儒家仁义之道教化天下。假如不这样做，"则行日坏而荣日灭矣"，提醒汉文帝以秦朝为诫，提防言行在不觉中败坏，最终导致帝王功业日渐衰亡。

在这股"过秦"思潮之中，流传及影响最为广泛的，无疑还是贾谊及其所著的《过秦论》。

贾谊（前200—前168年），洛阳（今河南洛阳东）人。在其所作《过秦论》开篇，贾谊首先肯定了秦朝统一的历史功绩。从孝公任用商鞅变法图强开始，秦基百年之业，几代君主励精图治，建立了强大的军事帝国，最终秦王嬴政一统天下。"秦以区区之地致万乘之势，序八州而朝同列,百有余年矣"。

而后,贾谊将陆贾"马上治之乎"的质疑予以延伸,指出秦帝国百年基业之所以在短短十余年便迅速灭亡,就在于统治者"仁义不施而攻守之势异也"。"攻"和"守"是两种不同的势态,必须要予以分辨。秦在统一之前,是处于"攻势"的,凭借军事优势以武力赢得天下是正确的战略。然而在统一之后,"攻势"变成了"守势",此时的秦始皇却仍以暴力治天下。"其道不易,其政不改",没有顺应"攻守之势"的转换而改变统治方略,不能施仁义于民,在贾谊看来,这是秦朝灭亡的主要原因。

除此之外,扼杀言路也是秦亡的一个原因。统一天下后的秦始皇刚愎自用,"以天下之美为尽在己",听不进去任何劝谏。贾谊说,秦朝并非缺乏有识之士,而是由于"秦俗多忌讳之禁",扼杀言路的作法,往往忠言未说完就被杀头了,以致"忠臣不敢谏,智士不敢谋,天下已乱,奸不上闻,岂不哀哉"(《过秦论》),也正因为此,秦二世时才有了"指鹿为马"的千古笑谈。

"牧民之道,务在安之",贾谊据陈涉起义指出安民的重要性。他说陈涉不过是一"瓮牖绳枢之子,氓隶之人,而迁徙之徒也",一个家徒四壁、被征配发放的贫苦之人,也没有什么异于常人的才能,却在"斩木为兵,揭竿为旗"后能够一呼百应,并打败了强大的秦军,这是为什么?就是因为统治者暴虐失政,不行仁义之道,失去了民心,以致于"人怀自危之心,亲处穷苦之实,咸不安其位,故易动也"。社会人人自危,且久处困苦之境,生活没有安宁,自然容易发生动乱。"安民可与为义,而危民易与为非"。古代圣王就十分注重人民生活的安定,而秦二世不懂安民之道,因此虽"贵为天子,富有四海",最终却也不免落得个被逼自尽的下场。

前事不忘,后事之师。在这股"过秦"思潮中,儒生们纷纷批判秦朝弊病,意在警醒汉朝统治者"反秦之弊"。同时,他们从儒家思想中寻求长治久安之道,将儒家"仁义""礼治"思想与汉初的时代特性相结合,创新儒学,使其能够更好地为政治服务,以求实现儒学的复兴。然而此时黄老之学盛行,儒学并没有能够占据主导地位,直到汉武帝刘彻登基。

3.汉武帝何以"独尊儒术"

经历了秦朝的苛政严赋,再加之连年战乱,西汉初年国家满目疮痍,经济凋敝,民生穷困。国家需要安定,人民渴望安宁,清静无为、与民休息的道家思想成为统治者此时的最佳选择。

轻徭薄赋、休养生息的宽舒举措使得汉王朝社会经济得到复苏与发展,并出现了封建历史上第一个盛世——"文景之治"。据《汉书·食货志》记载,文帝、景帝时期,社会富足,仓廪充实,到了汉武帝初年,钱库的钱多到穿钱的绳子都朽烂了,粮仓的粮食多得吃不完都生霉了。

然而,宽松的政治环境带来的弊端也日益凸显。首先是地主阶级积累了巨大的财富,与农民矛盾逐渐加剧,地方势力膨胀,景帝时期就爆发了"七国之乱",虽然之后被镇压,但也为汉王朝的统治亮起了红灯。其次是匈奴在边境的侵扰,对西汉政权构成了极大威胁。经济繁荣的外衣之下是严重的政治危机,时刻威胁到汉王朝的统治。另外,思想上,一方面宽松的政治环境为百花齐放提供了便利条件,有利于学术思想的全面进步,但另一方面学说的过度自由,也使得一些学派对朝政随意指责,这在一定程度上是不利于汉王朝的统一的。发展至此时,"无为而治"的黄老之学显然已不利于汉王朝的统治。加强专制主义中央集权,实现思想上、政治上的"大一统",成为统治阶级的迫切需求。

公元前141年,历史上可与开创封建帝国的秦始皇齐名的帝王登基上位了，他就是汉武帝刘彻。刘彻是位极具个人抱负的君主，无为而治之下松散的朝政是他所不能容忍的，于是继位不久，他就开始着手实施新政。先是任命喜好儒术的窦婴、田蚡为丞相和太尉，后又重用精通《诗》的儒生赵绾和王臧。然而此时真正控制朝权的是喜好黄老之学的窦太后，也就是汉武帝的奶奶，她对汉武帝的这些举措十分不满。加之后来赵绾建议武帝不必事事都向窦太后禀报，彻底激怒了窦太后，她免掉了窦婴和田蚡的职位，将赵绾和王臧下狱，两人最终被迫在狱中自杀。

建元六年，也就是公元前135年，窦太后去世，汉武帝施展政治抱负的最后一道屏障没有了。

他开始诏令各地举贤良，让各地推举贤良方正直言极谏之人，而且亲自策问贤良，"欲闻大道之要，至论之极"，为汉王朝寻求长治久安之道。在对策中，有一人的策文脱颖而出，引起了汉武帝的关注。这人便是后被称为"群儒之首"的董仲舒。

董仲舒（前197—前104年），广川（今河北枣阳）人。年少时刻苦研习儒家经典，尤精于《春秋》，史书说他因钻研经典"三年不窥园"，三年连自家的园子都不及窥视，可见董仲舒研习之刻苦。

在这次策问中，汉武帝向他连问三策，董仲舒也相应呈出三篇策文，因其主要围绕天人感应这一论题，所以史称"天人三策"。"君权神授"是其中一个论述核心，同时也是汉武帝最感兴趣的一个理论。

君权神授，指君主秉承天意统治国家，他手中的权力是上天所赐予的，君主是上天的儿子，因此被称为"天子"，"唯天子受命于天，天下受命于天子"。天子是代替上天来行使统治人民的权力的，他的所作所为反映了上天而非他本人的意志，这就为君权的行使披上了顺应上天的神圣外衣，君权的履行自然也就意味着不可违抗的上天旨意。

同时，董仲舒也指出，既然君主是替代上天行使权力的，那么他的行为就应符合道的规范，上天也会用相应的征兆来提醒君主他的行为规整与否。董仲舒以《春秋》为证，在策问中说道："国家将有失道之败，而天乃先出灾害以谴告之，不知自省，又出怪异以警惧之，尚不知变，而伤败乃至。"一个国家要有失道的败坏之事发生时，上天就会用一些灾害给统治者作提醒。如果不知反省，那么上天就会以一些怪异之事来警告威示于他。仍不知悔过改变的话，这个国家的伤亡败落就会到来了。既然君主是"天子"，那么上天对他当然是十分仁爱的，"自非大亡道之世者，天尽欲扶持而全安之，事在强勉而已矣"，只要不是十分的无道，上天就会给以扶持保其平安，这需要君主做到政事的勤勉。

　　君权神授理论，虽然对君主的行为进行了一定的道德约束，但最主要的是使得君主的统治地位变得神圣不可动摇，十分有利于中央集权的巩固与加强。汉武帝包括后世统治者自然十分乐意接受这一理论。

　　在明、清历史剧中，时常会出现这样一段情景，就是每当宣读圣旨之时，首句必然会是"奉天承运，皇帝诏曰"，这其实就是后世统治者对"君权神授"这一理论的沿袭。到明太祖朱元璋时，他将"奉天承运"写入了诏书之中，明、清两代皇帝沿用了这一作法，以显示自身是受命于天，是代天宣示旨意的。

　　针对汉武帝"欲闻大道之要，至论之极"的要求，董仲舒指出："汉得天下以来，常欲善治而至今不可善治者，失之于当更化而不更化也。"所谓"更化"，就是要顺应时势差异而改变治国方略，也就是要止"无为"而行"有为"。他进而指出："《春秋》大一统者，天地之常经，古今之通谊也。"董仲舒仍以《春秋》为证，认为大一统是天地永恒的规律，古今通行的道理。

要想寻求政治上的统一,首先要实现思想的统一。此时的西汉,"师异道,人异论,百家殊方,指意不同"。众多门派的思想家们各说各话,对治国理念各持己见,以至于法制常变,百姓们不知奉从哪个才是。这时就需要从思想上进行统一,百家争鸣之中又应该如何选择?董仲舒"君权神授"理论之中,其实还有十分重要的一点:君主既然"受命于天",代天行使统治权力的,那么他的行为自然要顺从天命。那么什么才是"天命"呢?在董仲舒的理论之中,"天命"的解读实则就是儒家思想理念的阐述,"君权神授"理论最终落在了以儒家思想为统治思想这一点上。因此,董仲舒在策文的最后旗帜鲜明地提出:"诸不在六艺之科,孔子之术者,皆绝其道,勿使并进。"

"大一统"无疑正是汉武帝所寻求的政治目标,于是他欣然采纳了董仲舒的建议,"罢黜百家,独尊儒术",并采取了京城设置官学、学校由儒者任教、教材采用儒家经典、从学校中推举贤良到地方和中央做官等诸多措施。研习儒家学说成为功成名就的主要途径。策问中同样脱颖而出的儒者公孙弘,更是从一介布衣最终获封平津侯,对当时的学子们产生了极大的刺激,《史记·儒林列传》载"天下之学士靡然向风矣"。统治者的推崇,加之民间学子的追随,使得儒家思想由此逐渐成为此后两千多年中国封建社会的主导思想。

第三章 儒学的坎坷历程

儒家思想在汉武帝时期,确立了正统思想的主导地位。然而,汉代以后直至隋唐,由于政权的频繁更换,历史进入一个相对动荡的时期,佛教的流入和道教的兴起,对儒学的独尊地位产生了一定的冲击。面对这一困境,儒家学者努力丰富儒学体系,积极吸收、融合佛、道两家思想,展现了儒学强大的包容性和适应力。魏晋南北朝时期的儒学,相对较为衰微,但又是一个不可或缺的阶段,因为它在上承两汉经学的基础之上,迎来了儒学发展史上又一个重要的时期,即宋明儒学。

一、隋唐儒学的统一

1.科举取士与五经正义

汉武帝"罢黜百家,独尊儒术"之后,儒家思想由众多思想学说之一上升为唯一的官方意识形态,历代统治者越来越重视儒学。及至隋朝,统治者为将更多的人才笼络到麾下,为其所用,采取了科举取士制度。"科举制是一种允许士人自愿向官府报告,经过分科考试,根据成绩从中选取人才,分别任官的制度"。①由于是采取分科取士的方法,因此被

① 白钢:《中国政治制度史》,北京:人民出版社,1996年,第426页。

称为"科举"。科举制的创立，是中国古代官吏选拔用人制度一次质的飞跃。它是古代社会相对公平的一种选拔制度，改变了过去尤其是汉、魏以来官吏皆由门阀士族出的局面，使得寒门学子也有机会通过自身努力进入仕途，实现自身政治抱负，"朝为田舍郎，暮登天子堂"成为一种可能。

然而隋朝短祚而亡，科举制度到唐朝才得到进一步发展与完善。根据《新唐书》卷四十四《选举志上》记载，唐代的科举分"常科"与"制科"。"常科"每年定期举行，是科举取士的主要途径，而"制科"则取决于皇帝自身喜好或是朝政需要，多为临时起意设置而成，具有很大的随意性与不确定性。"常科"之中，又分秀才、明经、进士、明法、明字等数十种科目，其中尤以明经、进士两科为重，最受学子们追捧与趋往，"士族所趋向，唯明经、进士二科而已"（《通典》）。

所谓"明经"，就是明了儒家经典。按照《新唐书·选举志》所说，这些儒家经典包括《诗经》《周易》《尚书》《礼记》《周礼》《仪礼》《春秋左氏传》《春秋公羊传》和《春秋谷梁传》九种经书，此外还需兼通《论语》与《孝经》。"凡明经，先试文，然后口试，经文大义十条，答时务策三道"（《新唐书·选举志》），明经科有帖经、经义、时务策三场考试，简单说就是，分别测试考生对于儒家经典的记诵、理解以及实际应用能力。

相较于明经科较高的通过率，进士科则显得颇为"艰难"，有"三十老明经，五十少进士"的说法，就是说三十岁通过明经科已经算是年纪大的了，而五十岁考过进士科却还算是年轻的，可见进士科通过之难。进士科考试内容在唐朝数次改换，帖经一项始终保存在其中，由此可见，熟习儒家经典是参加进士科考试的必要前提。

科举取士必然有一个统一的评判标准，这就要求学子们所读的儒家经典要有一个统一的版本,就如同我们今天使用全国统一教材一样。《诗》《书》《礼》《乐》《易》《春秋》被奉为儒家六经,后来《乐经》亡佚,其他五经流传下来。从西汉开始,诸儒开始根据自身的理解对这些经书加以诠释与解读。尤其在"独尊儒术"之后,经学一方面得到极大发展,另一方面又因儒家内部不同派别有着不同的诠释,经学的研究颇显繁乱。魏晋时期,玄学的冲击使得经义更加混乱。到了南北朝时期,经学有了南学与北学之分,"大抵南北所为章句,好尚互有不同。……南人简约,得其英华;北学深芜,穷其枝叶"(《北史》),可见当时南学与北学对经书的侧重点各不相同。正如《隋书·儒林传》序中所说:"自正朔不一,将三百年,师说纷纭,无所取正。"这种繁乱的局面直接影响到了科举取士,以至于"学生皆持其所短,称己所长,博士各各自疑,所以久而不决"(《隋书》)。这种经义繁乱的局面显然不利于思想的统一,与隋唐时期国家统一的时代趋势是相悖的。

隋朝短暂的统治尚不及改变这一局面,于是到了唐朝,统治者开始着手统一经义。"太宗以经籍去圣久远,文字讹谬,令师古于秘书省考定五经……颁其所定之书于天下,令学者习焉。"(《旧唐书》)唐太宗命颜师古考定五经正本,首先实现了五经文字上的统一。而后,唐太宗又以"文学多门,章句繁杂","诏国子祭酒孔颖达与诸儒撰定五经义疏"(《旧唐书》),让孔颖达等人对以往的五经注解进行梳理补注,书成之后,唐太宗又将该书更名为《五经正义》。《五经正义》共一百八十卷,其中《周易正义》十四卷、《尚书正义》二十卷、《毛诗正义》四十卷、《礼记正义》七十卷、《春秋左传正义》三十六卷。由于该书非一人所著,著书者学治好恶不同,导致成书后各卷水准参差不一。后几经审定,直到永徽四年(653)才真正完成,此时主持编撰的孔颖达已离世多年。

唐太宗之所以将该书命名为《五经正义》，就是取经义统一正解之意。于是书成之后，"颁布于天下，每年明经，依此考试"，一直持续到宋代，都将该书作为明经取士的唯一版本。《五经正义》的完成，意味着经学进入了一个相对统一的时期，这首先有利于科举制度的发展与完善，其次更有利于思想的统一，对统治者加强集权统一有着极大的推动作用。历史学家范文澜先生就指出："唐太宗令孔颖达纂《五经正义》，颜师古定五经正本，对儒学的影响，与汉武帝罢黜百家、独尊儒术有同样重大的意义。"①

2.唐太宗以儒治国

唐太宗崇尚儒学，以其统治华夏。贞观二年（628），唐太宗下诏书立孔子为先圣、颜回为先师，并大收天下儒士。诗人赵嘏云："太宗皇帝真长策，赚取英雄尽白头。"（《残句》）此言是唐太宗以科举考试来统一思想、收纳天下儒生贤士的真实写照。科举制度的实行，打破了贵族阶层把持政权的格局，给予平民阶层参与政治、改变命运的机会和渠道，致使天下读书人更加心甘情愿地服从统治者的安排。这也正是唐太宗修订经书的初衷所在。据五代王定保《唐摭言·述进士》记载，一次科举考试之后，唐太宗走到午门城楼，看到群贤毕至、少长咸集的情景，心满意足地对左右说："天下英雄，入吾彀中矣！"

历史上，唐太宗塑造的是一个典型的儒家君主形象。他曾撰写《帝范》一书赐予太子李治，论述人君之道："宽大其志，足以兼包。平正其心，足以制断。非威德无以致远，非慈厚无以怀人。抚九族以仁，接大臣以礼。奉先思孝，处位思恭。倾己勤劳，以行德义。此乃君之体也。"

① 范文澜:《中国通史》第四册,北京:人民出版社，1965年,第243页。

（《帝范·君体》）以仁、义、礼、恭、宽、孝等儒家伦理观念来规劝自己和未来的皇帝。

正确处理君臣关系，是治国之关键。孔子言："君使臣以礼，臣事君以忠。"（《论语·八佾》）身为一国之君，唐太宗任人唯贤，不拘出身、地域，不拘民族背景，不拘原有门派。细数历代君王，秦二世、梁武帝、隋炀帝偏信谗言终至亡国，唐太宗每每引此为诫，鼓励大臣直言进谏，认真听取魏征、房玄龄、杜如晦等大臣的谏言。史官吴兢评价说："太宗时政化，良足可观，振古而来，未之有也。"（《贞观政要·序》）唐太宗以礼待臣，大臣们对他更是忠心耿耿。除以上三位大臣外，太宗时期贤臣倍出，长孙无忌、尉迟敬德、李靖、王珪、李绩、褚遂良、孔颖达、程咬金、秦琼等人都为唐朝盛世做出了巨大贡献。

受儒家"民本"思想的影响，唐太宗也十分重视与民众的关系，他把君民比作舟与水，"水可载舟，亦可覆舟"。隋朝末年，隋炀帝连年大兴土木，穷兵黩武，致使人口锐减，田地荒芜，民不聊生，引发了历史上规模空前的农民大起义。李世民当时跟随父兄东征西战，亲眼目睹了农民起义军的威力，一个强大的隋王朝顷刻之间覆灭，这让他极为震恐，时时警惕于心。所以，他处处以民为本，不违农时。每次田猎，都是选在冬季农闲时进行。太子举行冠礼，因吉日定在春耕生产之时，唐太宗也坚持让有司更改日程。贞观三年正月，唐太宗躬耕东郊，祭祀先农，积极倡导朝廷上下安抚百姓，重视生产，轻徭薄赋，使得农业渐渐得到改善。

唐太宗在修订律法时，倾向于儒家仁政与教化思想，"专尚仁义，慎刑恤典"（《贞观政要·公平》）。依照《贞观律》记载，在隋朝旧律的基础上，唐太宗时期的律法削减了92条死刑和71条流放的惩罚，缩小了连坐处死的范围，废除了腰斩、枭首等酷刑，制定了对老幼废疾减免刑罚的规定,对有孕在身的女囚,须在生产一百天之后才能执行惩罚。贞观时期,还出现过因孝而减刑的例子:夏县人卫无忌,六岁时父亲被同乡卫长则所杀,母亲后来改嫁,子然一身。卫无忌长大后为其父报仇,将卫长则杀害,并主动请求刑戮。唐太宗听闻此事,嘉其孝烈,特赦免罪。由儒家"亲亲相隐"思想出发,唐律制定了"同居相为隐"的法律原则,即共同居住的亲属有罪,不追究或减轻其相互隐瞒的法律责任。唐太宗仁政治国,对于唐初稳定民心,休养生息,实现社会繁荣奠定了基础。

为巩固唐王朝的统治,唐太宗在位23年(626—649年),以儒家教化为先,君臣上下齐心、守望相助,开创出一个中国历史上少有的太平盛世,史称"贞观之治"。有学者评价,贞观之治是两千年中国封建史中最灿烂夺目、最精妙的一笔。[①] 唐太宗即位之时,长期战乱导致社会经济凋敝,贞观元年关中饥荒,贞观二年天下蝗虫灾害,贞观三年发生水灾,社会很难维持政权稳定。唐太宗听取了魏征先教化后富民的理论,展开一系列的扶助措施促进农业发展,重建社会组织和法律伦理。贞观四年,流散的民众回归乡里,开始安心耕作。短短几年时间,政治、法律、军事、文化等各项制度得到完善,社会呈现出一派升平的景象。唐太宗以儒治国的策略成为历代统治者学习的典范。

3.韩愈与"道统"的肯定

唐代统治者重视儒学然而却少有儒学大家出现。若论有所建树者,仅韩愈、柳宗元、李翱等几人而已。究其原因,说到底乃是儒学的官学化所致。《五经正义》作为科举考试的标准版本,读书人没有发挥余地,只能寻章摘句、按图索骥,思路一旦受到限制,所作的文章也就失去了灵

---

① （唐）吴兢著,王贵标点:《贞观政要》,长沙:岳麓书社,1991年,《导读》第6页。

性。相比之下,唐代统治者对文学创作和宗教发展采取宽松的政策,诗文章句空前繁荣,佛教、道教也空前鼎盛。

中唐时期,儒释道三教逐渐呈现出融合之势。一方面,唐代统治者李氏家族有着胡人血统,一些魏晋南北朝所延续下来的名门望族根本不将其放在眼里。为了提高自身的族望,李氏皇族奉老子李耳为先祖,奉老子妻为先天太后,将孔子像立于老子之侧,道教趁势而起。另一方面,唐太宗、武则天、唐玄宗等历代皇帝借佛教之力维护统治,为此优待僧侣,广建庙宇,大力提倡佛法。儒学的正统地位岌岌可危,但是"由于长期接受三教的共同熏陶,许多朝臣和儒家学者并无危机感,觉得佛、儒可以并行不悖,乃至汇合沟通,共同形成社会精神支柱"①。佛道盛行,文人们耳濡目染,在思想上逐渐接受儒道释兼收并蓄。

但佛老之道的盛行让韩愈担忧社会和儒学前景,由此展开一系列的排佛运动。韩愈最激烈的反佛行为,是在担任刑部侍郎时向唐宪宗上书《论佛骨表》。韩愈所生活的那个时期,百姓对佛教狂热追捧。大乘佛教素以苦行闻名,《梵网菩萨戒经》有言,只有烧毁自己的肉身供养诸佛,才能成为真菩萨。于是,一些愚昧的人燃顶、燃臂、燃指去舍身供养。就连皇帝也不例外,唐宪宗为表达对佛门的虔诚,让人从凤翔法门寺迎佛骨入宫供养三天。韩愈听说此事,非常气愤,立刻上书陈述迎佛骨的利害。一曰佛法于国运不利。未入中国时,三皇五帝在位多年,周文王、武王均高寿近百岁。自后汉流入中国,各代皇帝乱亡相继,运祚不长。二曰佛法于纲纪伦常不利。天子贵为一国之君,无所不通,还一心敬佛有失体统。百姓敬佛去损坏身体、捐尽钱财、弃家舍业,伤风败俗。佛教不讲君臣之义、父子之情,违逆人伦。所以,韩愈劝宪宗将佛骨扔进

① 牟钟鉴:《在国学的路上》,北京:中国物资出版社,2011年,第165页。

火中,永绝根本,消除佛教对世人的迷惑。宪宗看到《论佛骨表》大为震怒,几次想治韩愈死罪,幸有亲贵说情,但被贬为潮州刺史。

韩愈平生所学以儒为主,为维护儒家的正统地位也是煞费苦心。当时盛行的佛教禅宗有一个传法系统,它提出禅宗的师承关系来自释迦以教外别传的心法传授弟子,经过列祖,直到弘忍和慧能。①为了与佛教相抗衡,依照僧侣的传法世系的法统,韩愈作《原道》一文,首创了儒家圣贤传道的世系道统。他指出,儒家之"道"是仁义之道,是造福天下百姓的公理。自古以来,仁义之道皆由圣贤来传授,使得君臣百姓各司其职、各得其所,以此确保天下太平。"统",指的是儒家学说的师承传递关系。依照韩愈的说法,儒家的道统,最初由尧传给舜,舜传给禹,禹传给汤,汤传给文、武、周公,文、武、周公传给孔子,孔子传给孟子。孟子死后,道统失传。韩愈制造道统,是为了证明他所传授的儒家学说的渊源出自中国本土正统思想。②《师说》足以彰显其志:"古之学者必有师。师者,所以传道授业解惑也。"他以"传道"作为自己的首要任务,广招门生,奖掖后进,目的就是要恢复孟子死后所"失传"的儒家道统,并发扬光大。

韩愈不仅承续孔孟正统,同时也倡导在此基础上发展新儒学。尤其在人性问题上,他对孟子性善论、荀子性恶论、扬雄善恶混说作出补充,创立"性三品"学说。韩愈认为,性之品有上、中、下三等,等阶高低在于性中所含仁义礼智信五德的多少。上品的人性以仁德为主,而通于其他四德,即全面地具有五德。中品的人性是对五德混为一谈,有所不足,或有些违背。下品的人性,既违反仁德,也违背其他四德。③

韩愈作为唐代古文运动领袖,是汉学向宋学转变的关键人物,被陈

①　冯友兰:《中国哲学简史》,北京:新世界出版社,2004年,第232页。
②　陈寅恪:"论韩愈",载《历史研究》,1954年第2期。
③　方立天:《中国古代哲学》(上),北京:中国人民大学出版社,2012年,第334页。

寅恪、钱穆、冯契等先生公认为宋明理学的先驱。在新古文运动中，韩愈否定孔颖达等人所制定的权威性的训诂、考据，坚持从儒家经典原文中挖掘圣人的本意，力图恢复儒学正统地位。他与李翱合著《论语笔解》，先述原文，再引注解，而后各抒己见，就性理之道款款而谈，使得儒家经典彰显出生机与活力。他的另一大贡献就是把经学家们一直不太重视的《大学》《中庸》两篇从《礼记》中专门抽出来，详加注释，大力宣扬其中的修身、齐家、治国、平天下的内容，这为后世"四书"的提炼奠定了基础。

二、宋明儒学的兴起

1.赵普：半部《论语》治天下

赵普，北宋宰相，一生辅佐过宋太祖赵匡胤、宋太宗赵光义两位皇帝，善于政治谋略，是北宋初期政治稳定的重要奠基者。赵匡胤"杯酒释兵权"的计策便出自于他。宋太祖把赵普视为心腹，称其为"社稷之臣""左右手"。宋太宗亲自为他撰写《赵普神道碑》以称颂其功德。北宋时期的大臣们，也对赵普很推崇。司马光在《涑水记闻》中记载多个故事肯定其处理政事的能力。宋代大儒朱熹在编写《五朝名臣言行录》时，更是将其放在首位。

"半部《论语》治天下"一说据传是赵普所言，典故出自南宋龚昱所编的《乐庵语录》。书中提到，宋太宗在考虑任用宰相之前，有人攻击赵普，说他读书少，仅仅读过《论语》。太宗犹豫不决时问赵普，赵普回答说："我的确只读过《论语》这一本书，用了其中一半辅佐太祖平定了天下，还有一半，可以辅佐陛下致太平。"赵普对《论语》的推崇可见一斑。

传说，在赵普去世后，家人收拾他的遗物，打开箱子来看，确实仅有《论语》二十篇。

赵普读书少，史书也有记载。《宋史·赵普传》描述"普少习吏事，寡学术"。赵普早年熟悉为政之事，但是学问较浅。做了宰相以后，宋太祖常常劝他多读些书，以便学习治理国家的方法。赵普晚年勤奋学习，每次回家便闭门读书，手不释卷，还曾拜"河洛之师儒"聂崇义为师，向他请教学问。在赵普晚年的奏议中，也曾提到《左传》《史记》《汉书》等典籍。宋太宗在《赵普神道碑》中评价道："及至晚岁，酷爱读书，经史百家，长存几案，强记默识，经目谙心，硕学老儒，宛有不及，既博达于今古，尤雅善于谈谐。"晚年的赵普，已经到了博古通今、雅善谈谐的境界。有学者指出："'半部《论语》治天下'的故事，是在理学诞生以后，理学家们为抬高《论语》的地位，附会到赵普身上的。"①

无论是否附会，"半部《论语》治天下"这句话在宋朝引发一股学用《论语》的热潮。最有代表性的是北宋宰相韩琦，辅佐宋仁宗、宋英宗、宋神宗三朝皇帝，勤政爱民，学问过人，军中威望甚高，有"贤相"美誉。每当别人问起为政之道，他总是感慨自己平生所学习和践行的只有一部《论语》而已。宋代的士人们也不断钻研《论语》，提升了儒家思想的深度和高度。据统计，两宋时期《论语》相关著作多达217种，创下了朝代史上最高纪录。②

《论语》在宋代已成为孩童启蒙必读的经典。宋代理学家程颐少时读《论语》，便能通晓文意。他认为孔子言语句句出于自然，学者要以《论语》为本，精通《论语》才能掌握六经之学。读《论语》要讲求方法，

---

① 张其凡：《经世谋臣——宋朝名相赵普》，兰州：兰州大学出版社，2002年，122页。
② 王鹏凯：《历代论语著述综录》，台北：花木兰文化出版社，2005年。

程颐的心得是：将《论语》中诸弟子的问题当作自己的问题，将孔子的回答当作自己今日耳闻，句句仔细品味，白天诵读，夜间思索，平心静气，如此便能见到圣人之意。朱熹少年时读《论语》，每日爱不释手，他在《家礼》中规定儿童必须从读《论语》《孝经》开始，即使是女孩子也要学会诵读。吕祖谦少年时性情粗暴顽劣，稍有不顺，便打架闹事。后因一场大病不能出门，只能拿出一册《论语》早晚闲看，忽然如醍醐灌顶，心中怒气由此平息，终身再无暴怒。①《乐庵语录》记载，程颐的弟子赵仲修言："若行得《论语》中三句，便做个好知州。"虽然有些夸张，但也反映了当时推崇《论语》已经达到白热化程度。

赵普与《论语》看起来是一个简单的故事，"半部《论语》治天下"却为宋代儒学复兴吹响了号角。社会对《论语》的热切关注，不仅使得儒学的地位得到提高，还使宋代学者对儒学的传播与推广水到渠成。

2. 宋初三先生与泰山书院

宋初三先生，指的是北宋初年的孙复、石介、胡瑗三人。宋仁宗时期，他们先后来到泰山书院讲学，相互切磋学术，声名远播，远近学者慕名前来求教，逐步形成"泰山学派"。

泰山书院处于泰山凌汉峰下，雄浑肃穆，钟灵毓秀。孔子登泰山而小天下，帝王在此进行封禅和祭祀，文人雅士亦喜好来此游历。泰山书院，算得上是一个追求圣人之道的最佳去处。最早来到泰山书院讲学的是孙复。孙复（992—1057年），字明复，号富春，晋州平阴人。他客居泰山讲学整整七年，安贫乐道，立志向学，被尊称为"泰山先生"。孙复少时家境贫寒，整日四处漂泊。宋仁宗天圣五年（1027），范仲淹为母丁忧，回

① 陆敏珍："故事与发明故事：'半部《论语》治天下'考"，载《学术月刊》，2016年第4期。

到应天府书院主持教务，恰好孙复乞讨至此。幸得范仲淹收留和推荐，留在应天府书院找了份差事，衣食有了着落。应天府书院是宋代四大书院之一，藏书千卷，聚集了许多文化精英。在这种良好的学术环境下，孙复跟着范仲淹攻读《周易》和《春秋》，为日后讲学打下了基础。

第二年，范仲淹离开应天府书院，孙复也辞去职事再次漂泊。1034年，孙复在第四次科考落榜后，结识了时任南京学官的石介。石介十分推崇孙复的学问，邀请其到泰山书院讲学。

经过大半生的努力，孙复的才学和精神终被认可，在石介和范仲淹的推荐下，50岁时得到国子监直讲一职，1044年宋仁宗赐孙复五品服。孙复在当时以讲《春秋》著称，他的主要学术成就集中在《春秋尊王发微》12卷。此书的中心思想就是为"尊王"确立大义名分，他列举许多事例说明怎样才能做到"尊王"，使诸侯和大夫不得随意破坏礼乐传统制度。这部书具有很强的针对性，对于"治世之道"多有发挥，引起了宋代学者对《春秋》的重视。

石介（1005—1045年），字守道，号徂徕，兖州奉符人。进士及第，为母守丧期间回到徂徕山，拜孙复为师，于泰山书院读书讲学，因其品德高尚，从学者甚多，世称"徂徕先生"。石介刚直不阿，愤世嫉俗，是三位先生中个性最鲜明的一位。他年轻时求学于应天府书院，刻苦勤奋无人能比，26岁即中进士甲科，担任秘书省校书郎、郓州观察推官等职。宋仁宗宠幸美女，不理朝政，石介上书直谏，由此惹怒仁宗。1043年，范仲淹等人推行"新政"，石介积极参与，写文章批评夏竦等大臣，被卷入朋党之争，成为保守派的死敌。两年后，因被人陷害遭到外放，精神上受到打击，一病不起，去世时仅有41岁。欧阳修对石介非常敬佩，也甚为惋惜，为其作墓志铭称赞他"时无不可为，为之无不至"的勇者气概。

对石介来说，承续儒家道统比一日三餐更重要，"尧舜禹汤文武周公孔子孟子扬雄王通韩愈"，每一日都吟诵于口；"君为尧舜之君、民为尧舜之民"，每一刻都记挂在心。他推崇韩愈力排佛老的决心与胆识，撰写了《怪说》《中国论》等文章批判佛老，大胆揭露佛老的妖妄怪诞、淫巧侈丽。"道大坏，由一人存之；天下国家大乱，由一人扶之。周室衰，诸侯竞，道大坏也，孔子存之。孔子殁，杨墨作，道大坏也，孟子存之"。(《徂徕先生集》卷八《救说》)孟子之后，佛老的盛行使道统遭到破坏，石介将维护道统视为自己的责任。

根据史料记载，石介曾著有《易解》《唐鉴》《三朝圣政录》等书数卷，都已遗失，现今只留存《徂徕集》20卷，及《春秋说》片段。除了排斥佛老，石介的思想还表现在通过儒家道统为"君统"正名。他说："自夫伏羲、神农、黄帝、尧、舜、禹、汤、文、武、周公、孔子以至于今，天下一君也，中国一教，无他道也。"(《徂徕先生集》卷十三《上刘工部书》)这样一来，君统与道统相提并论，都拥有了至高无上的地位。在此基础上，石介又力证"道"是天地万物的根本。他说："道于仁义而仁义隆，道于礼乐而礼乐备，道之谓也。"(《徂徕先生集》卷二十《移府学诸生》)经过这样推理，将"道"贯穿于一切之中。尽管思想粗糙，没有细致展开，但也具有了理学思想体系的端倪。①

胡瑗(993—1059年)，字翼之，祖籍陕西安定堡，人称"安定先生"。与孙复、石介不同，胡瑗出自官宦家庭，家族世代显赫，但至其父亲胡讷时，仅为宁海节度推官，俸禄较少，家境逐步沦落到无以自足的地步。据《安定学案》记载，胡瑗年轻时前往泰山，与孙复、石介一起粗茶淡饭，勤学苦读，终夜不寝，十年没有归家探望亲人。每逢得到家书，打开一见到

---

① 侯外庐、邱汉生、张岂之：《宋明理学史》(上卷)，北京：人民出版社，1984年，第42页。

"平安"二字，便将书信投到山谷中，不展开细看，怕扰乱读书的心境。后人为了纪念胡瑗，在他投掷书信的地方立起石碑，取名"投书涧"。

学成后，胡瑗从山东回到家乡，在江苏一带讲学，于泰州建立安定书院，传授儒家学术。期间多次受到范仲淹的推荐，出任太子中社、光禄寺丞、天章阁侍讲等职，最后主持太学。胡瑗是三先生中授徒最多的一位，传说弟子数千人，对当时的学风影响很大。正是在他主持太学之时，遇到18岁的程颐，两人相谈甚欢。程颐性格孤傲，称呼自己的老师周敦颐往往直呼其字，但是对胡瑗却是极为尊敬，一直以"安定先生"相称。胡瑗教学二十年，形成了自己独特的教学方法——"苏湖教法"，实行分科教学，分列"经义"（学习六经）和"治事"（致用之学）两科。后京师太学也采纳这一教学方式，称之为"太学法"。

胡瑗关于《春秋》《周易》《中庸》《尚书》等经典多有论著，大都已佚，仅留下《月河精舍丛钞》中的《安定言行录》和《宋元学案》卷首的《安定学案》，以及《四库全书》中的《周易口义》可考。胡瑗坚持孟子人性善的观点，试图从理论上梳理人性善与情欲之间的关系，依据人性善等道德原则去齐家治国。[①]从胡瑗的著述中，也可看出理学的端倪。由于孙复、石介、胡瑗他们并没有建立起一套完备的理论体系，所以在学术史上仅被作为儒生来看待，并未被列入儒家道统之内。

受佛道挤压而日渐衰微的儒学，在"宋初三先生"这里汲取到新的营养，产生了理学体系的萌芽。为了纪念"宋初三先生"对理学的贡献，泰山书院设立了"三贤祠"供奉孙复、石介和胡瑗。在这里，我们可以追寻三先生道德学术的踪迹，感受到他们立志向学、安贫乐道的精神。

---

① 侯外庐、邱汉生、张岂之：《宋明理学史》（上卷），北京：人民出版社，1984年，第34页。

3. "北宋五子"与理学兴起

宋代学术的兴盛,与士人在政治上的推动密不可分。科举制度的实施,使得一些家中贫苦的读书人有了在朝为官的机会,也就有了更多的发言权。司马光、范仲淹、欧阳修、王安石等士人在忙于朝政的同时,仍不忘苦学钻研、提携后辈,为儒学发展提供了良好的政治环境。

北宋中期,儒学呈现出蓬勃发展之势,也分出了多个派系。从如何对待学术与政治的关系来讲,分为新学派和保守派。新学派以王安石为代表,他的立场是研究经术要为现实服务,只要经世致用,无论是儒、佛、道,都可以兼收并蓄,即使是祖宗之法亦可变;保守派以司马光为代表,他在政治上比较保守,强调古圣先贤的"中和"之道,坚持以礼治世,钻研学术就是要以"道心"来克制"人心"。当时,新旧学派的学术争论非常激烈,甚至由学术派系划分出政治派系。

"北宋五子"指的是周敦颐、邵雍、程颢、程颐、张载,其中程颢、程颐兄弟并称"二程"。他们的思想成熟于仁宗、神宗年间,是北宋中期的学术中坚。从治学态度上来看,除周敦颐外,其他四人尤其是二程倾向于保守派,明确反对王安石的新学和变法,经常与司马光一起议论时政、切磋学问。"北宋五子"以二程为中心,之间有着千丝万缕的联系。程颢、程颐少年时曾拜周敦颐为师,立志于孔孟之道。微妙的是,二程向来讲究师道尊严,却不尊周敦颐为师,而是以"周惇颐"或"汝南周茂叔"称之;周敦颐也不提及曾收二程为弟子,其中缘由颇让人费解。张载是二程的表叔,却又十分钦佩二程的学问,自叹弗如,常与之往来书信讨论问题。邵雍中年时迁居洛阳,常与司马光、张载、程颢、程颐从游,来往甚密。

周敦颐(1017—1073年),字茂叔,道州营道人,别号濂溪先生,理学开山鼻祖,所创学派称"濂学"。曾担任县主簿、县令、州判官、州通判、知州军等小官吏。在江西南安军任职时，二程的父亲程珦发现周敦颐学问很深，便让儿子拜师求学。虽然师徒相处仅一年，但是周敦颐先后将其平生主要著作《太极图》与《通书》通通传授于二程。周敦颐的理学思想受易传和佛学的影响，在《太极图说》中他提出了一个简单而又系统的宇宙生成论——"无极而太极，太极动而生阳，动极而静，静而生阴。静极复动。一动一静，互为其根：分阴分阳，两仪立焉"。"阳变阴合，而生水、火、木、金、土，五气顺布，四时生焉"。由此追溯，阴阳万物乃是"太极"动静所致。文字虽然简短，但是却为后来理学家的宇宙论提供了基本轮廓。在《通书》中，周敦颐提出"静虚""动直""无欲""变通"等哲学概念，成为后世理学研究的重要课题。

邵雍（1011—1077年），字尧夫，河北范阳人，是一个隐居不仕的理学家，人称"伊川丈人"。受留守王拱辰之邀，邵雍晚年迁居洛阳，生活安逸，将自己的住处命名为"安乐窝"。当时恰逢王安石变法，司马光退居洛阳，经常与程颢、程颐、吕公著等人去"安乐窝"诗酒唱和。邵雍是一位富有传奇色彩的历史人物，擅长运用易理和易数推演事物未来的发展变化。主要代表作《皇极经世书》体系庞大，包括宇宙起源论、自然观、历史观以及社会政治理论等。①"皇极经世"，即是以宇宙之理来统摄人世。这本书的主要内容是穷尽日、月、星、辰、飞、走、动、植等自然变化规律，结合皇、帝、王、霸政权变动来说明"大中至正之道"。以阴阳消长，观古今治乱，钱穆将邵雍的学术归为"观物派哲学"一类。②

程颢（1032—1085年），字伯淳，世称"明道先生"。自幼诵诗书、作诗赋，记忆力超乎寻常。15岁跟随周敦颐问学。25岁进京应试，在诸儒

---

① 侯外庐、邱汉生、张岂之：《宋明理学史》（上卷），北京：人民出版社，1984年，第182页。
② 钱穆：《庄子纂笺》，北京：三联书店，2010年，《序目》第1页。

生中声望颇高,诸生都自以为不及,莫不登门拜访。26岁中进士,与张载、朱光庭、苏轼、苏辙、曾巩同第。历任鄠县主簿、上元县主簿、泽州晋城令、太常丞、扶沟县事、汝州酒事、承议郎等官职。程颐(1033—1107年),字正叔,程颢之弟,世称"伊川先生"。14岁时,与兄程颢同受学于周敦颐门下。24岁在太学读书,吕希哲的父亲吕公著见程颐很有才华,便让其子拜程颐为师,这是程颐收的第一个学生,之后,从学者越来越多。之后二十余年,隐居讲学,年逾五十,乐道不仕。二程长期在嵩阳书院讲学,以传承孔孟之道自任。二程的著作有《二程遗书》《二程外书》《明道文集》《伊川易传》《程氏经说》《二程粹言》等,明清时合刊为《二程全书》。"理"是二程哲学思想的最高范畴。按照张立文先生的看法,二程的"理"是一个绝对精神实体;"理"无形体,又非虚空;"理"是万事万物的"必然"和"所以然";"理"是道德伦理的准则和原理;"理"为自然之理或事物的规律;"理"具有动静、盛衰、生止的特性。[①]由此,二程提出由"穷理",而"尽性"以"至于命"。两人根本观点相同,同中之异是程颢讲"有我",倾向于主观唯心主义,而程颐讲"无己",倾向于客观唯心主义。二程授学以洛阳为中心,所开创的学派称"洛学"。

张载(1020—1077年),字子厚,原籍大梁。祖父张复在宋真宗时任给事中、集贤院学士等职,后赐赠司空。父亲张迪在涪州任上病故,家议归葬开封。15岁的张载和5岁的弟弟张戬与母亲,护送父枢越巴山,奔汉中,出斜谷行至郿县横渠,因路资不足加之前方发生战乱,无力返回故里开封,遂将父安葬于横渠南大振谷迷狐岭上,全家也就定居于此,以后张载就生活于此,人称他为"横渠先生"。20岁时,在范仲淹的指点下,开始研读儒家经典。他从《周易》入手,撰写了《横渠易说》,这是他创立自

---

① 张立文:《宋明理学研究》,中国人民大学出版社,1985年,第288—300页。

己哲学体系的开端。我们所熟知的"横渠四句"——"为天地立心,为生民立命,为往圣继绝学,为万世开太平",便是出自张载,彰显了张载一生为学治世的良苦用心,也成为历代学者的座右铭。张载建立了"横渠书院",在关中地区治学授徒,形成了很大规模的"关学"学派。

以"北宋五子"为代表的濂学、洛学、关学学派形成了庞大的学术队伍和系统的理学体系,被视为主流。另外,王安石的新学因支持者相对较少,则被视为非主流。①王安石在位时,张载、程颐都曾受到政治上的打压,所以两方之间在学术和政治上都存在着矛盾。到朱熹以后,张载、二程的门生占据政治优势,关学、洛学被推崇为正统派,而新学则被打入异端。

三、宋明儒学的发展

1. 朱熹与《四书章句集注》

朱熹(1130—1200年),字元晦,号晦庵,世称"朱文公"。祖籍徽州府婺源县(今江西省婺源),出生于南剑州尤溪(今属福建省尤溪县)。南宋著名的理学家、思想家、哲学家、教育家、诗人,闽学派的代表人物,儒学集大成者,世尊称为"朱子"。朱熹是"二程"的三传弟子李侗的学生,与二程合称"程朱学派"。朱熹的理学思想对元、明、清三朝影响很大,成为三朝的官方哲学,是中国教育史上继孔子后的又一人。

《四书章句集注》是朱熹最有代表性的著作之一。

朱熹"四书"学思想的确立,经历了一个逐步发展的过程,由对"四书"的集解、集说,逐步过渡到《四书章句集注》的撰成和完善。朱熹早

① 张立文:《宋明理学研究》,中国人民大学出版社,1985年,第24页。

年曾作《论语集解》《孟子集解》《大学集解》，以及关于《中庸》的集说。然而，此时的朱熹的"四书"学思想尚不完备。经与张栻展开"中和之辩"，而形成自己的"中和新说"，又经寒泉之会、鹅湖之会和三衢之会三次学术论辩，朱熹的学术思想进一步走向成熟。在此基础上，朱熹对自己以往的"四书"著作加以修定，而撰成《四书章句集注》。

全书的篇目排序依次为《大学》《中庸》《论语》《孟子》，而这样的排序是否切合作者本意？宋人张洪、齐熙编有《朱子读书法》一书，汇集朱子有关读书治学的语录，其中明确提到"四书"的顺序问题。兹摘录原文如下：

> 《大学》一篇，乃入德之门户。学者当先讲习，知得为学次第规模，乃可读《语》《孟》《中庸》……《大学》垂世立教之大典，通为天下后世而言者也。《论》《孟》应机接物之微言，或因一时一事而发者也……程子所以先《大学》而后《论》《孟》，盖以其难易缓急言之，而非以圣人之言为有优劣也。至于《中庸》，则又圣门传授极致之言，尤非后学之所易得而闻者。

可见作者本人是依据"四书"含义由浅入深循序渐进而来。他在《大学章句序》里阐述了"三代"（夏商周）之学的教学次序与治隆俗美之法，又标榜孔子的教化之功与道学之传，而后表示自己写作此书的缘起及目的。同时，也交代了自己学问的根由及脉络："于是河南程氏两夫子出，而有以接乎孟氏之传。实始尊信此篇而表章之，既又为之次其简编，发其归趣，然后古者大学教人之法、圣经贤传之指，粲然复明于世。虽以熹之不敏，亦幸私淑而与有闻焉。"表明自己的道学是由二程所传。

而在后面《中庸章句序》里,朱熹认为《中庸》是"子思子忧道学之失其传而作也"。继而,《论语序说》与《孟子序说》里,分别引用了《史记》、程子乃至韩子的言论,来总括古代学者对于"四书"其义的理解和争论。

朱熹本人对自己研究、学习"四书"始终抱有敬畏之心,同时也含治世殷盼之意。比如他在《大学章句序》中言:"顾其为书犹颇放失,是以忘其固陋,采而辑之,闲亦窃附己意,补其阙略,以俟后之君子。极知僭踰,无所逃罪,然于国家化民成俗之意、学者修己治人之方,则未必无小补云。"又《中庸章句序》:"虽与道统之传,不敢妄议,然初学之士,或有取焉。"

淳熙九年(1182),朱熹在浙东提举任上首次刻印《四书集注》(见《朱子文集》卷五十八《答宋深之》二),即宝姿本。这个宝姿刻本,是朱熹首次把《大学章句》《中庸章句》《论语集注》与《孟子集注》汇为一编合刻,经学史上与"五经"相对的"四书"之名第一次出现,标志着《大学》《中庸》《论语》《孟子》四书在"五经学"之外作为独立的"四书学"体系在经学史上的出现与确立。朱熹很快又否定了宝姿本,接着而来的一次大修改是在淳熙十二年(1185)。到淳熙十三年(1186),他又作了一次更大的修改。这两次大修改后的定本,便在同一年由詹仪之印刻于广西静江,由赵汝愚印刻于四川成都。之后,淳熙十五年到庆元五年共十一年的时间里,朱熹又反复作了较大的修正,庆元五年刻于建阳的为晚年定本。

朱熹生前单独修订刊刻的《语》《孟》《学》《庸》要比四者合刻的次数多,而且即便是合刻,四部书的关系也是比较松散的,合之为一编,分之则可单行。考朱熹著述虽多次有"四书""章句""集注"等说法,但并没有提到过"四书章句集注",这一名称当是后人合刻时加上去的。①朱熹去世后，不但宋代继续刊刻他的著作，一直到元、明、清对《四书章句集注》(或《章句集注》)的刻印从未间断。

朱熹注此书用尽毕生心力，临终前数日，还在笔耕不缀。

2.陆九渊与心学

陆九渊(1139—1192年)，字子静，江西抚州金溪人，世称"象山先生"，南宋时期"心学"一派的创始人。陆九渊出生于没落的官宦大家族，几世同堂，依靠微薄田地和药肆维持生计，家纪严明，著闻州里。其父陆贺没有官职，却齐家有方，他的六个儿子——陆九思、陆九叙、陆九皋、陆九韶、陆九龄和陆九渊，均学识渊博，各有所长，号称"陆氏六杰"。陆九渊34岁中进士，历任江西靖安县主簿、福建崇安县主簿、国子正、敕令所删定官，53岁出知荆门军，于任上病故。

陆九渊自幼跟从父兄读书，三四岁时便追问他的父亲"天地有没有边际"，8岁时听到别人诵读程颐文章，便能体察出程颐哲学与孔孟思想的差别之处。两次分别以《周礼》《易经》之文中举，33岁中进士，学者纷至沓来，寻学问道。同为进士出身的杨简，十分钦佩陆九渊的学问，拜其为师，学习心学。

陆九渊的心学以孟子的"四心"说为出发点。孟子言："恻隐之心，仁之端也；羞恶之心，义之端也；辞让之心，礼之端也；是非之心，智之端也。"(《孟子·公孙丑上》)仁、义、礼、智乃孟子之"本心"，也是陆九渊之"本心"。只不过，陆九渊将此"本心"发展为宇宙的本体，并直接继承和发挥了二程的"心即理"的命题，建立起以"心即理"为核心的心学体系。②

---

① 徐德明："《四书章句集注》版本考略"，载《华东师范大学学报》，1998年第4期。
② 张立文：《宋明理学研究》，北京：中国人民大学出版社，1985年，第464页。

陆九渊认为"心"与"理"都具有普遍性。"心只是一个心,某之心,吾友之心,上而千百载圣贤之心,下而千百载复有一圣贤,其心亦只如此"。(《陆九渊集·语录下》)"东海有圣人出焉,此心同也,此理同也。西海有圣人出焉,此心同也,此理同也。南海、北海有圣人出焉,此心同也,此理同也。千百世之上有圣人出焉,此心同也,此理同也。千百世之下有圣人出焉,此心同也,此理同也"。(《陆九渊集·象山先生行状》)从这两段话来看,陆九渊认为无论来自哪个地方,无论生活在哪个年代,无论是凡人还是圣贤,只要是人类,心与理都是相同的。

两宋时期,学者大都崇尚孟子之学,《孟子》地位不断上升。陆九渊更是称他的心学都是从《孟子》中得到的。他的"心即理"的学术观点正是孟子"万物皆备于我"(《孟子·尽心上》)的进一步阐释。一日,陆九渊问弟子徐仲诚品读《孟子》的心得,弟子回答说"如镜中观花"。陆九渊便借"镜中观花"一说,向弟子阐明"心"与"万物"的关系。在他看来,"吾心"犹如"明镜",从"明镜"("吾心")中便可看到"花"("万物"),即"花"("万物")通过"镜"("吾心")而显现出来,否则,"花"("万物")就呈现不出来。因而,对于"花"的体认,便不是向"外"追求,而是"吾心"中求,即向"内"追求。①

心学讲究向"内"追求,追求的方法就是陆九渊一贯强调的"易简功夫"。首先,要发明本心。人的本心是先天性的,它不虑而知、不学而能,存有万物。要想成为一个有道德之人,只需要去体认到自己的本心。体认自己的本心需要顿悟,或者受到启发。其次,要除弊。陆九渊认为,人之所以不能端正自己的本心,是因为人心有弊病。愚而不肖之人的本心容易被物欲所蒙蔽,贤智之人的本心容易被争强好胜所蒙蔽,两者表现

---

① 　张立文:《宋明理学研究》,北京:中国人民大学出版社,1985年,第469页。

虽然不同，但是后果都会导致本心丧失。"除弊"即是"剥落"本心的弊病，使内心清明，外无所累，自然自在，便可达于圣贤。第三，要读书。读书之人要心正，应该读圣人经典，对书中旨意细细体味，不可囫囵吞枣。陆九渊的心学及其方法论，是对儒学的一次重整和创新。

3.鹅湖之会与朱陆区别

鹅湖之会，是北宋儒学史上最著名、最重要的一次儒学辩论会，其论辩双方是理学学派代表朱熹与心学学派代表陆九渊、陆九龄，其提议者是当时最具影响力的一位道学领袖——吕祖谦。[1]作为朱熹最亲近的朋友和陆九渊才能的赏识者，吕祖谦不愿看到朱陆在学术上针锋相对，所以想从中调和，遂促成这次相见。这是一次大规模的学术盛会，不仅朱、陆、吕三方的门人前来参会，还有附近的许多道友，甚至连福建、浙江、安徽的学者也赶来参与学习交流。

淳熙二年（1175）6月5日，吕祖谦让朱熹与陆九渊、陆九龄在江西东南的鹅湖寺见面。这里地处官道，交通便利，清风翠竹，景色宜人，吕祖谦为这次见面煞费苦心。可是相见之后，气氛并不融洽。双方固持各自的学术立场，据理力争，加之各种意见观点杂出，讨论异常激烈。朱熹批评陆氏兄弟过于自信，抛弃读书学问，一意直接追求本心。陆氏兄弟丝毫没有妥协，批评朱熹过于强调圣贤经典，因格物穷理而导致其学支离破碎。虽然吕祖谦从中调和，但是双方各持己见，互不相让，争论近十日仍未见分晓，最终不欢而散。

朱学、陆学的基本分歧在于，一个坚持"性即理"，一个坚持"心即理"。朱熹认为，心、性不同，一个是抽象的世界，另一个是具体的世界。

---

① ［美］田浩:《朱熹的思维世界》,南京:江苏人民出版社，2011年，第216—217页。

而在陆九渊看来，一切都存在心中，情、性、心、才，都是相同的，只是说法不同。

朱熹的"性即理"出自二程。程颐言："性即理也。所谓理，性是也。天下之理，原其所自，未有不善。喜怒哀乐未发，何尝不善？发而中节，则无往而不善。"（《二程遗书·伊川先生语八》）到了朱熹这里，发展为"理一分殊"的思想，即"天命之性，万理完具，总其大目，则仁义礼智，其中遂分别成许多万善"（《朱子语类》）。性统摄万物之理，其纲目为仁义礼智，从中分出了许多种善的形式。"理一分殊"好比佛教中讲的"月映万川"。"理"就像天上的月亮只有一个，但是映射到万事万物中，却呈现出了各种各样的形态。同时，尽管形态不一，但却只有一个"理"。

陆氏的"心即理"也受到二程的影响。程颢言："曾子易箦之意，心是理，理是心，声为律，身为度也。"（《二程遗书·明道先生语三》）"曾子易箦"说的是曾子在临终前听说自己睡的席子是大夫身份所用之物，为了不僭越礼数，坚持让家人换掉席子，方才安然离世。对曾子来说，礼就在他的心中，他的心即是礼。程颢将此归结为"心是理，理是心"。到了陆九渊这里，抛开读书格物的前提，直接回到本心上去追求，推出"心即理"。从以上来看，"朱熹以理在物在外，陆九渊以理在内在心"[1]。

再者，朱学、陆学求道的入门方法不同。朱熹注重实学考据，以格物致知为道学路径。"格物"就是读书，"致知"就是提升经书中的义理。朱熹以考据、解释经典为基础，穷究万物事理，以达到"明道"的境界。[2]陆九渊注重简易涵养，告诉他的弟子们："汝耳自聪，目自明，事父自能孝，事兄自能悌，本无欠缺，不必他求，在自立而已。"（《陆九渊集》卷

---

[1]　陈来、杨立华等：《中国儒学史·宋元卷》，北京：北京大学出版社，2011年，第447页。
[2]　路新生："'尊德性'还是'道问学'？——以学术本体为视角"，载《天津社会科学》，2008年第4期。

三十四）朱熹作诗《鹅湖寺和陆子寿》："德义风流夙所钦,别离三载更关心。偶扶藜杖出寒谷,又枉蓝舆度远岑。旧学商量加邃密,新知培养转深沉。却愁说到无言处,不信人间有古今。"以此批评陆九渊的心学功法离开圣贤书去求学问,没有依据终落得虚妄荒谬。同样,陆九渊也有一首诗《鹅湖和教授兄韵》："墟墓兴哀宗庙钦,斯人千古不磨心。涓流积至沧溟水,拳石崇成泰华岑。易简工夫终久大,支离事业竟浮沉。欲知自下升高处,真伪先须辨古今。"以此批评朱熹苦读经典而不得真义,不过是纸上功夫而已。

朱、陆同出孔孟,其争论只为发扬儒学,并未妨碍他们的友情,日常还保持书信来往。鹅湖之会以后,朱学、陆学都在试着调整。经过接触,朱熹对陆氏兄弟的高尚人格深感钦佩,陆九渊也开始强调读书的重要性。原本约好五年之期,也就是1180年再相见,遗憾的是陆九龄当年去世。朱熹非常痛心,写祭文悼念:"学匪私说,惟道是求。苟诚心而择善,虽异序以同流。"(《朱子全书》第27册)陆九渊邀请朱熹和吕祖谦为陆九龄写墓志铭,并亲自向朱熹致谢,双方礼尚往来,都在努力寻求共识,不愿开启争端。这种"以仁心说,以学心听,以公心辨"(《荀子·正名》)的坦诚胸襟和治学态度全面体现了儒者的君子之风。

4. 王阳明与知行合一

王阳明(1472—1528年),名守仁,字伯安,浙江余姚人,生于明宪宗成化八年,卒于明世宗嘉靖七年。因筑室于会稽山阳明洞,自号"阳明子",后世称"阳明先生"。王阳明出身诗礼家庭,据称,其祖可追溯到晋时大书法家、文学家王羲之。(也有文献考据称,王羲之并非其直系祖先。)祖父王天叙与父亲王华均是饱读经书、才德兼备之人,其父更是高中状元,两人的德行修养对王阳明品性的确立影响甚大。家族所提供的无论是精神上还是物质上的供给,都为他的狂放提供了充分的外部支撑。王阳明一生事功赫赫,封伯赠侯,诗赋、书法、兵法、箭术无不精通,文事武备兼而有之。明代学者冯梦龙称其为"儒家第一流人物"。他所创立的阳明学说,不单对后世国内儒学发展产生深远影响,对日本、朝鲜以及东亚各国也产生了广泛影响力,尤其在日本更是盛行一时,近代著名军事家东乡平八郎就曾特意刻下一方印章,上书"一生俯首拜阳明"。

"阳明心学"是对陆九渊"心学"的继承和发展,清代中期以后有学者将其并称为"陆王心学"。王阳明将"圣人之学"归纳为"心学",将《中庸》之"人心惟危,道心惟微,惟精惟一,允执厥中"作为"心学之源"。①与陆九渊一样,王阳明也认为天地万物都离不开内心,万事之理不外于己心,知识来源于心,不必向外追求。但是,陆、王之心学也存在不少差异,"陆九渊主张一心,王阳明赞成二心;陆九渊在原初意义的心学上属于少数派,王阳明属于多数派;陆九渊未指责朱熹将心与理分为二,王阳明指责之;陆九渊的心具有共同性,王阳明的良知具有个体性"②。另外,王阳明也吸取了程朱理学思想中知行统一的观点。

王阳明第一次明确提出"知行合一"的命题,它是中国哲学中的一个重要概念。王阳明曾因得罪朝中权臣而被贬贵州龙场,一个地处偏远、环境十分恶劣的地方。正是在这种极度艰难的环境之中,王阳明超脱了得失荣辱甚至生死,日夜端居澄默,以求静一,忽然一夜顿悟"圣人之道,吾性自足",呼跃而起,这就是历史上著名的"龙场悟道"。龙场悟道后的王阳明受贵州提学副使席书之聘,在贵阳文明学院讲学,提出"知行

---

① 王守仁:《王阳明全集》,上海:上海古籍出版社,1992年,第245页。
② 周炽成:"'心学'源流考",载《哲学研究》,2012年第8期。

合一"之训。"知行合一"并非我们通常所说的"理论与实践相结合"。在这里，"知"是良知，是指人的道德意识。"行"是为善去恶，是指人的道德践履。针对当时的官学即朱熹所主张的将"知""行"分作两个工夫，"知先行后"造成的"徒悬空口耳讲说"之流弊，王阳明提出"知行合一"之说，认为知和行在本体上本就是一回事。《传习录》记载："某尝说：'知是行的主意，行是知的工夫。知是行之始，行是知之成。'若会得时，只说一个知，已自有行在；只说一个行，已自有知在。"知和行是一个工夫的两面，两者不可分离，更没有先后。一方面要"省察克治"，强调道德自觉，另一方面强调"践履之功"，需"事上磨练"。

他的弟子徐爱曾质疑"知行合一"，并举例来说，今人都知道作为儿子要对父亲尽孝，作为长兄要对弟妹爱护有加，但是有些人却不能做到孝悌，可见知与行是两件事。王阳明指出，徐爱所说的这个被私欲隔断，已不是知行的本体了，而他所讲的"知行合一"，正是要复那本体，也即是他所说的"至善只是此心纯乎天理之极"与"至善是心之本体，只是'明明德'到至精至一处"里的"纯""精""一"。要明彻"知行合一"，便要识得他的"立言宗旨"，即彻根彻底不使一念潜伏胸中，没有私欲隔断。而要使得"彻根彻底不使一念潜伏胸中"，方法就是要"致良知"。

致良知是《大学》"致知"与《孟子》"良知"的结合体，是阳明学本体论与修养论直接统一的表现。"致"是事上磨练，"良知"是知是知非，"致良知"就是把良知扩充到万事万物中去，在为人处世和自我身心修养中都以良知也就是天理作为准则。这一理论是王阳明晚年的一个重要思想，是他从百死千难中体察出的"灵丹一粒""正法眼藏"，是"千古圣贤相传的一点真骨血"。王阳明认为，良知人人皆有，常人往往容易受到私欲阻隔，这就要去其物欲牵蔽，以复良知本体，这里就要用到"致"

的工夫了。良知是本体，致良知是工夫。"致"在古代有"至""极"等意，《大学》的"致知在格物"，朱熹释为"致，推极也。知，犹识也。推极吾之知识，欲其所知无不尽也"。王阳明认为，"致"在这里虽有"至"之意，但并不代表知识累积度，而是强调良知的自觉目的，而且还有另外一层意思，就是实践、实施，可以说就是知行合一。良知作为内在的道德意识具有先验的特性，只要达到对良知的自觉意识，从良知的本然走向明觉，人人皆可以为圣。

钱穆先生曾说："阳明是一个多方面有趣味的人，在他内心，充满着一种不可言喻的热烈的追求，一毫不放松地往前赶着。他像有一种不可抑遏的自我扩展的理想，憧憬在他的内心深处，隐隐地驱策他奋发努力。"[1]王阳明一生修书立说，设院讲学，精于诗赋文章，甚至书法也有极高造诣。少时有匹马仗剑边疆的豪行，壮时有谈笑间靖难平乱的韬略，老时有天泉桥夜宴的狂放。文事武备，超狂入圣，立德、立功、立言真三不朽，一生充满传奇色彩。历经如此多的传奇，57岁的王阳明返乡途中旧疾加剧，弥留之际，学生问他还有什么遗言，他只留下了八个字："此心光明，亦复何言！"便驾鹤西去，一生传奇至此完结！

四、西学东渐与现代新儒学

1.西方文化的挑战与儒家学者的应对

儒学在中国流传两千多年，为了适应不同时期社会发展的需要，不断进行自我调整，产生出新的理论和新的学派。自孔子起，下承孟子、荀子，续接董仲舒、扬雄、王通、韩愈、周敦颐、程颢、程颐、朱熹、陆九渊，再

---

[1]　韩复智编著：《钱穆先生学术年谱》卷一，北京：中央编译出版社，1987年，第336页。

到王阳明、黄宗羲、王夫之等历代先贤大儒，可以看到儒学的极大丰富和发展进步。儒学具有海纳百川、兼容并包的学术品格，千百年来与道家、佛教和谐相处，融合汇通，共同创造出中华民族璀璨多姿的传统文化体系。

19世纪中期，西方为打开中国国门，向中国输送鸦片，遭到抵制后，就用坚船利炮发动侵略战争。西方文化在这种历史背景下涌入中国，"一度使中国文化趋向西方化或被边缘化，差一点中断了中国文化的血脉"①。清朝末年，制度僵化、政治腐败、经济落后、思想守旧、民生凋敝，当一些热血青年看到西方先进的科学技术、自由平等的价值理念、民主法治的管理模式时，好像突然看到一线生机，将西方工业文明视为"理想国"，开始狂热学习和追逐，而中国传统文化遭到了否定和排斥。

在当时的历史背景下，西方极力宣传"西方文化中心论"，宣扬西方文化比任何非西方文化都要优秀、高级，人类历史都应该围绕西方文化而展开。这种宣传加上战争失败，让很多中国人产生了强烈的文化自卑感。严复翻译的《天演论》，主要讲述达尔文"物竞天择，适者生存"的进化思想，在当时的中国产生了很大影响。人们将此和社会进化联系起来，认为儒学与西方文化相比，是低一等的"简单说教"，没资格称为哲学或宗教，在未来文化建设中没有继续存在的必要。

一些具有国际视野的先驱思想家，在肯定中华文明价值的基础上，提出要对儒学进行革新，代表人物有康有为、谭嗣同、孙中山。②谭嗣同是最早提出革新运动的政治家、思想家，终其一生，都在致力于维新变法。他主张学习西方资产阶级的政治、科学、历史、宗教，发展民族工商

---

① 牟钟鉴：《中国文化的当下精神》，北京：中华书局，2016年，第185页。
② 牟钟鉴：《中国文化的当下精神》，北京：中华书局，2016年，第188页。

业，又主张对儒、释、道学术精华兼收并蓄。他批判封建专制主义和礼教残害百姓，倡导运用西方平等自由理念冲破旧社会伦理纲常，又坚定信仰孔子仁学思想。他的代表作《仁学》一书，吸收和借鉴了儒学、佛教、墨学、基督教等相互会通的"灵魂""平等"等观念，形成了独具风格的仁学思想体系，活用西方先进思想提升了儒学的核心价值，具有非常重要的推进意义。

孙中山在革命运动中多次提到"大同思想""三民主义"，这些奋斗理念都源于儒家传统思想。《礼记·礼运》篇描绘了"大同世界"的宏伟蓝图："大道之行也，天下为公，选贤与能，讲信修睦。故人不独亲其亲，不独子其子，使老有所终，壮有所用，幼有所长，矜寡孤独废疾者皆有所养，男有分，女有归。货恶其弃于地也，不必藏于己；力恶其不出于身也，不必为己。是故谋闭而不兴，盗窃乱贼而不作，故外户而不闭。是谓大同。"孙中山亲笔提书"大道之行，天下为公"，并且在《三民主义·民族主义》中说"去统一世界，成一个大同之治"。他深受传统儒家思想影响，并强调忠孝、仁爱、信义等伦理道德是中国固有的道德，中国人不能忘记。孙中山对儒家思想进行了选择、取舍和改进，顺应了革命形势的发展。①

2. 康有为与孔教会

康有为（1858—1927年），又名祖诒，字广厦，号长素，祖籍广东省南海县，人称"康南海"，清朝末年政治家、思想家，资产阶级改良派领袖。康有为出身于官僚家庭，早期接触西方文化，主张维新变法，提倡将中国政治、教育制度和儒学传统参考西方模式进行改良和转化。1888年，他

① 汤志钧："孙中山和儒家'大同学'"，载《学术月刊》，1997年第6期。

联合赴京参加科考的1300多名知识分子上万言书，史称"公车上书"。1898年，与梁启超、谭嗣同、康广仁、刘光第等人一起通过光绪帝进行维新变法，103天后变法失败，慈禧太后以"结党营私"之罪名通缉，长期流亡于日本、加拿大、英国等地。1899年7月20日，康有为等人创设保皇会，1907年更名为国民宪政会。1913年他返国创立孔教会。1917年，参与策划溥仪复辟，也以失败而告终，后在上海创办天游学院，授徒讲学。晚年迁居青岛，1927年因病去世。

康有为是个集多重矛盾于一身的人。他提倡男女平等、一夫一妻制，自己却妻妾成群。他是以弘道自命的传统知识分子，却又好华服美酒且热衷名利。他支持复辟帝制，保皇、保教，却又倡导君主立宪，虚君共和。康有为言行不一、狂放不羁的性格，受到保守派和激进派两方面的攻击，置身于一种十分尴尬的境地。

康有为的思想言行看似荒谬，其实在他心中一直有一种儒家宪政理想，试图通过"传承儒学、西化儒学、实践儒学"①，实现其学术及政治抱负。他著《孔子改制考》《新学伪经考》《大同书》《礼运注》等书籍，探求孔子改制的微言大义，依托孔子所言的"大同社会"作为政治理想，设定出社会发展的三个阶段：据乱世、升平世、太平世，主张把西方宪政中的民主因素纳入儒家思想，为现代中国找寻出路。同时，要求打破封建专制统治，警醒政治上的保守派要正确面对中国"千年未有之大变局"。儒家宪政思想从儒家"仁"出发，用西学进行了全新阐释，生发出儒学之"民本、民权、人权"政治模式。这种创造性转化，"给新儒家提供了智识

---

① 张敏："'通古今之变'：康有为儒家宪政思想的创立"，载《南京工业大学学报》，2014年第2期。

资源,开启了后人建构中国特色的儒家宪政制度的新思维"①。

19世纪末20世纪初,传统伦理道德与现代民主观念之间的冲突在中国社会愈演愈烈,儒家作为传统思想的主导观念受到质疑和批评。康有为意识到,如果完全照搬西方模式则无法保证中国的安定,儒家文化也将无处安顿,所以他撰写文章论述儒家传统思想对于中国社会秩序稳定的重要性,认为不能够不分是非将中国数千年所流传的政教风俗制度法典一概抛弃。"他总结考察西方的经验后认为,西方的教会制度是实施制度变革之后儒家最可能依托的制度性资源"。②为了给中国人寻找一个文化认同的基础,康有为设立孔教会,提出以孔教为"国教",孔子为"教主",儒家思想表述方式参照西方教会化方式。当康有为的做法触及到清朝统治合法性时,儒家阵营内部的改革派张之洞等人表示坚决反对。倡导新文化运动的陈独秀、李大钊等人,认为新的中国必须与儒学告别,对"孔教立为国教"这一提案进行尖锐的批评。③

这时的康有为,尽管学贯中西、眼光长远,但是他的思想很难被理解,加上他狂放不羁,行事偏激,时常遭受冷遇甚至被嘲笑。"天龙作骑万灵从,独立飞来缥缈峰。怀抱芳馨兰一握,纵横宙合雾千重。眼中战国成争鹿,海内人才孰卧龙? 抚剑长号归去也,千山风雨啸青锋"。(《出都留别诸公》)从这首诗中,我们可以体会到康有为救亡图存,却又壮志不舒的郁闷心情。

康有为还是历史上为数不多的关注女性生存状态的思想家之一。

---

① 张敏:"'通古今之变':康有为儒家宪政思想的创立",载《南京工业大学学报》,2014年第2期。
② 干春松:"近代中国人的认同危机及其重建——以康有为与孔教会为例",载《浙江学刊》,2005年第1期。
③ 干春松:"近代中国人的认同危机及其重建——以康有为与孔教会为例",载《浙江学刊》,2005年第1期。

其《大同书·去形界保独立》一篇专论女性,细数女性之苦、女性之功、抑女之害、女性独立之制。女性弱势地位的产生,长久以来被认为与传统儒家思想有关。康有为澄清孔子思想倡导的是"女子之平等自立之大义"。孔子之世,夫妇关系相对平等自由,后世俗儒妄自设定过高的理义,致使女性受到"既嫁从夫""从一而终""烈女不事二夫"等残酷礼教观念的束缚,没有自立自由之身。康有为所设想的女性之理想状态,乃是《礼记·礼运》论大同之制所讲的"女有归"。 康有为解读:"'归'者,岿然独立之象,所以存其自立之权也。"①女性的理想状态就是获得"求学""独立""自由""公民"等权利。从这里来看,康有为的预设具有长远的前瞻性和很大的进步性,他为女性的发展开辟出一条可行的路径,其理论和实践对中国女性地位的提高做出了不可磨灭的贡献。

3.梁漱溟:为行动而思考的儒者

梁漱溟(1893—1988年),原名焕鼎,字寿铭,后以漱溟行世,原籍广西桂林,生于北京。中国著名思想家、教育家、社会活动家、现代新儒家早期代表人物之一。他的祖先为元朝宗室后裔,元朝灭亡后改汉姓梁。梁漱溟出身官宦世家、书香门第,上数三代均在朝为官,祖母、母亲都能诗文,父亲梁济修身立德,品行高尚。在父亲言传身教下,梁漱溟少年时就已具有家国情怀和儒者风范。

19世纪末期,西方文化在中国教育体制内备受推崇,梁漱溟7岁进入北京洋学堂学习,接受新式教育,兼学中西两种语言和文化知识,大

---

① 康有为撰,姜义华等编校:《康有为全集》第七册,北京:中国人民大学出版社,2007年,第58页。

大开阔了他的视野。青年时期的梁漱溟，怀抱着救世济民和改造社会的宏愿，一度崇信康有为、梁启超的改良思想，后来又加入京津同盟会，投入到辛亥革命中。然而，当年轻气盛的他目睹了国民政府中一系列丑恶的政治行径后，便心灰意冷地脱离了由同盟会改组后的国民党，开始钻研佛学，刊载在1916年《东方杂志》上的《究元决疑论》是他早期佛学思想的经典佳作。随着研究的深入，又出版了关于印度文化及其佛教的专著《印度哲学概论》。沉浸在佛学中的梁漱溟，并没有忘掉救世济民的初心，当他发现佛教"对于不论什么问题一切不问，不下解决"[1]时，开始转向西方哲学求智慧。1917年，应蔡元培校长之邀，赴北京大学讲授印度哲学与唯识学。

人生问题，是梁漱溟一生不断追求的问题。他总结出三种人生态度：一是积极的路向，奋力取得所要求的东西，设法满足他的要求。二是中庸的路向，随遇而安，自我满足，自我调和。三是消极的路向，遇到问题和困难只想从根本上将此取消，而不是想办法改造或变更自己的想法。梁漱溟认为，这三种文化路向分别代表着西方文化、中国文化和印度文化的人生态度。他提出文化多元论，中西印三种文化可以共同存在，可以各自走不同的道路，可以到达不同的终点。这一文化多元论，"肯定了中国文化更接近生命的本原意义"[2]，"给东方文化的合理性和存在价值找到了充分的理由和根据，在理论上为中国文化夺回了已经失去的生存天地"[3]。

中国未来去向，是梁漱溟最关心的问题。1922年，他出版了《东西方文化及其哲学》，在讨论了"如何是东方化""如何是西方化""西洋

---

[1] 梁漱溟：《梁漱溟全集》第1卷，济南：山东人民出版社，1991年，第269页。
[2] 景海峰、黎业明：《梁漱溟评传》，北京：人民出版社，1999年，第70页。
[3] 景海峰、黎业明：《梁漱溟评传》，北京：人民出版社，1999年，第64页。

中国印度三方哲学之比较""世界未来之文化与我们今日应持的态度"等问题之后,说明了以儒家思想为主流的中国文化具有以下优势:就物质生活方面来讲,中国人追求简单朴素,自然融洽,安分知足。就社会生活方面来讲,儒家中庸思想追求与人为善,以和为贵,和谐共处。就精神生活方面来说,中国人追求山水之乐,道法自然,修养身心,并由此认定"世界未来文化就是中国文化的复兴"①。这本书的问世,在学术界和东西方社会都引起了强烈的反响,使中国知识界看到了东方文化的特色和优势。所以,熊十力与牟宗三以"中流砥柱""深造自得之作"来评价它的学术价值,预示着现代新儒学的发端。

"不是学问家,而是实干家",这是梁漱溟对自己的定位。他是一个实干家,认定做学问的目的就是要解决社会遇到的实际问题,一有所悟就去付诸行动,以儒者的理想和情怀去济世救民。梁漱溟一直在思考中国民族的前途问题,所研究的西方政治制度、教育方式并不能给出解决中国社会政治问题的途径。他突然意识到,中国的问题必须依赖中国文化中固有的东西才能解决。当时共产党正在开展农民运动,队伍不断壮大。受到这一事件的启发,梁漱溟坚信"乡治"才是中国民族自救的唯一途径。

1924年,梁漱溟毅然辞去北京大学教席之职,投入到乡村建设中。他选择山东、广州两地作为"乡治"的试办地点,制定了试办计划大纲。对乡村教育进行系统的教育实践探索后,他提出乡村教育要以中国传统文化为根基,融合西方文化之所长,才能使民族文化得到新的发展。根据乡村受众的特点,他将教育形式分为学校教育、社会教育、职业教育,内容都以传统文化为主。相关教材除了《中华民族故事》《农民国语课

① 梁漱溟:《东西方文化及其哲学》,北京:商务印书馆,1987年影印版,第199页。

本》《国学教材》之外,有一类名为《乡农的书》,书中既宣扬乡村伦理道德,也倡导劳动至上,勤俭持家,还有《精神陶炼》介绍孔子、诸葛亮、岳飞等民族代表人物,以启发民族精神。另外,他号召农村建立经济合作社,开展民族自救运动。在实践过程中,他发表了《中国民族自救运动之最后觉悟》《山东乡村建设研究院设立旨趣及办法概要》等文章,出版了《乡村建设理论》专著。梁漱溟知行合一、学干结合,不愧于"为行动而思考的儒者"称号。

4.牟宗三与"三统并建"

牟宗三(1909—1995年),字离中,祖籍湖北省公安县,生于山东省栖霞县牟家疃,近现代中国最具原创性和影响力的哲学家,港台新儒家重要代表人物之一。与先前所讲的梁漱溟不同,牟宗三是一个农家子弟,家中兄弟姐妹较多,父母对子女无暇照顾。据他回忆,"及至北平读大学了,暑假回家的时候,我还是常常睡在村庄的野外,或打麦的广场上。到上学了,也无人过问,说走就走了。只是先父偶尔嘱咐几句就完了。……各人忙各人的,很少有离别之情"。[1]牟父是一个极其严肃的人,不怒自威,以孔孟道德教育子女,这在牟宗三的心里无形中立下了规矩和约束。[2]

1927年,牟宗三离开故乡栖霞,来到哲学名流云集的北京大学。大学三年级时,因机缘得遇熊十力先生,自此"开启了一种慧命"[3]。"牟宗三自与熊十力相识之后,直到1942年出任华西大学讲师止,他曾长期朝夕环侍熊先生之侧,对熊十力的人格与学问一直崇敬有加,念念不

---

[1]　牟宗三:《生命的学问》,桂林:广西师范大学出版社,2005年,第3页。
[2]　牟宗三:《五十自述》,台北:鹅湖出版社,1993年,第18页。
[3]　牟宗三:《生命的学问》,桂林:广西师范大学出版社,2005年,第110页。

已"。①当时熊十力的关注点由西方哲学转向孔孟儒学,这也对牟宗三的学术研究方向产生了很大影响。他试着用西方宇宙论来阐发周易,于1932年完成他的第一本中国哲学专著《从周易方面研究中国之元学及道德哲学》,为构建儒家的"道德形上学"奠定了基础。

20世纪30、40年代,中国内忧外患,民族存亡岌岌可危,牟宗三心怀救国之志离开北京大学这所"象牙塔",先后辗转山东、天津、广东等地,受到张东荪、张君劢等著名学者的帮助和指点。尽管有缘结识梁漱溟,但因生命气质、政治态度以及学术倾向无法契合,只能站在各自的学术巅峰遥首相望、彼此唏嘘。

牟宗三将中国的学问称为"生命的学问","以'生命'为首出,以'德性'润泽生命"②。他将学问与个人的生命、民族的命运联系在一起。西方文明的入侵,使得中华民族笼罩在一片精神失落和环境恶化中,重建信仰和消解危机成为儒家学者义不容辞的使命。为了迎接西方文化的挑战,熊十力、梁漱溟、冯友兰、牟宗三、方东美、唐君毅、徐复观等一批新儒家作出的最大努力,就是"试图将儒家伦理提升到类似宗教信仰层面的终极关怀上,积极主张重建形而上学,反对将儒家伦理仅仅视为俗世哲理"③。

牟宗三先生对中国文化的再造是围绕着道统、政统和学统这"三统"展开的,将其理论概括为"三统并建"。所谓道统,是指儒家内圣之学的传续。道统是"三统"之核心,是立国之根本,是文化创造的源头,是日常生活的依据,是人之为人的根据。所谓政统,是指实现民主政治。政统是中国道德理性的要求,是中国传统的外王所必需。学统,

① 颜炳罡:《牟宗三学术思想评传》,北京:北京图书馆出版社,1998年,第11页。
② 牟宗三:《生命的学问》,桂林:广西师范大学出版社,2005年,第109页。
③ 郭学治:"面对西方挑战的儒家文化",载《学术论坛》,2000年第1期。

是指独立的学术之统。"学统之开出,就是由道德主体转出认知主体,以消化希腊文化传统,开出学术之独立性,弥补中国文化无近代科学之缺陷"。①牟宗三认为,儒学要想在新的时代得到复兴,首先应肯定其道统,以续接民族文化之本源,然后根据学统与政统开出科学与民主的外王事业。总之,三统之间缺一不可,互为补充。三统学说是牟宗三为新儒学未来发展所设计的宏伟蓝图,也是其全部理论学说的最终归宿。

在弟子蔡仁厚的心中,牟宗三"气性高狂,才品俊逸,思想透辟,义理深彻"。究其一生,牟宗三致力于弘扬民族文化,力求中西哲学会通。其代表性论著有《理性的理想主义》《道德的理想主义》《才性与玄理》《佛性与般若》《圆善论》《政道与治道》《中西哲学之会通十四讲》《智的直觉与中国哲学》《生命的学问》等,译作有《康德的道德哲学》《康德纯粹理性之批判》《康德判断力之批判》《认识心之批判》等。他不仅继承发展了熊十力的哲学思想,也为儒学的返本开新作出了巨大的贡献,其"思想之深刻,见解之透辟,意境之高远"②,达到了"古今无两"的高度。

---

① 颜炳罡:《整合与重铸——牟宗三哲学思想研究》,北京:北京大学出版社,2012年,第185页。
② 颜炳罡:《牟宗三学术思想评传》,北京:北京图书馆出版社,1998年,"前言"第3页。

第四章　儒家文化与中国人的价值追求

　　人是社会之人,从降生开始,各类社会关系便随之陆续产生和延展。如何在复杂的社会交际中规范人们的行为? 或者说以什么作为人伦交际的道德标准? 这是考验人类生存智慧的一道社会难题。商代出现了用以规范人伦关系的"知、仁、圣、义、忠、合"六项道德准则,此后,在长期的道德实践中,儒家不断予以丰富和调整,像孔子提出了"仁、孝、悌、忠、信",管子提出了"国之四维"——"礼、义、廉、耻",董仲舒提出了"仁、义、礼、智、信"五常,以及宋元时期提出了"孝悌忠信礼义廉耻"八德。这些相对独立的道德规范涵括了人伦交际的方方面面,是儒家对人类道德文明的高度提炼,代表着中华民族的优秀品德与道德智慧,是中国人永恒的价值追求。

一、仁:仁者爱人

　　在关于孔子的一些宣传图片中,我们经常看到背景中有个"仁"字,可见"仁"在孔子及儒家思想中占有十分重要的地位。记录孔子及其弟子言行的《论语》一书,是最能集中展现孔子思想的,该书言及"仁"的有58章之多,"仁"字在其中总计出现了109次。因此,有人将孔子思想直接称作仁学思想，也并不为过。

"仁"并非孔子首创，孔子之前，"仁"作为一个道德人文观念，就已经出现在诸多典籍之中了。"仁"包含有美好之意，像《尚书·仲虺之诰》中"克宽克仁，彰信兆民"，说商汤有宽厚仁爱的德行，明信于百姓；《尚书·金滕》中"予仁若考"，用来形容人好的品格；《诗经·齐风·卢令》中"其人美且仁"，将仁与美并举。到了春秋时期，"仁"作为宗族血亲之间的一种相亲相爱关系，出现在了典籍之中，像《国语·晋语》中"爱亲之谓仁"，《国语·周语》中"言仁必及人""爱人能仁"。段玉裁在《说文解字注》中将"仁"解释为"独则无耦，耦则相亲"，说明"仁"所表示的是一种人与人之间的相亲关系。

孔子继承并发展了这一原始意蕴，将"仁"的适用范畴与理论体系予以丰富和提升。由孔子开始，"仁"才成为了一个系统的思想体系，并最终成为儒家思想的核心。

首先，孔子继承了仁的意蕴，提出"仁者人也，亲亲为大"（《中庸》）。这里第一个"亲"是动词，第二个"亲"是名词，"亲亲"就是亲爱亲人。因此，他的弟子有若说："君子务本，本立而道生。孝弟也者，其为仁之本与。"（《论语·学而》）"孝"是对父母之爱；"弟"即"悌"，是对兄弟之爱。在儒家思想体系之中，对父母、对兄弟、对自己亲人的爱，被视为仁之根本。将对亲人的爱作为实现仁的根本，这从一开始就奠定了仁爱思想的现实基础，人对有着血缘之情的亲人的爱是最天然本质的，这种情感就是孟子所言的不虑而知的"良知"，像他所说："孩提之童，无不知爱其亲者，及其长也，无不知敬其兄也。"（《孟子·尽心上》）即便是懵懂无知的孩童，不需人教，天生就知道爱自己的亲人。所以，与孔子一样，孟子也将亲情之爱作为仁之根本，"亲亲，仁也"（《孟子·尽心上》），

"仁之实，事亲是也"（《孟子·离娄上》）。家庭是社会的基本单位，家庭关系是一切社会关系的出发原点，亲爱亲人则是亲爱他人的延伸基础与必要前提。在儒家看来，一个人不爱自己的亲人、不敬自己的亲人，却去爱他人、敬他人，这是有悖于道德礼义的，"不爱其亲而爱他人者谓之悖德；不敬其亲而敬他人者谓之悖礼"（《孝经》）。其实，如果一个人真的连自己的亲人都不爱，置血缘亲情于不顾，那么他对别人的爱又能有多少真实的成分呢？

其次，孔子发展了仁的意蕴。爱亲是仁爱的基础与前提，但绝不是仁爱的全部。在《论语·颜渊》篇中，弟子樊迟向孔子请教什么是仁，孔子回答说"爱人"。爱人，是从爱亲人到爱他人的一个递进的扩延，这与墨家的"兼爱"思想有很大不同。墨家的"兼爱"主张"爱无差等"，认为人对于大众包括世间万物的爱都应该是同等无差别的，对别人父母与对自己父母是一样的爱，对别人子女与对自己子女是一样的爱，对陌生人与对自己亲人是一样的爱。按照墨家的这套理论，别人的父母就是自己的父母，自己的父母又跟陌生人无异，这显然不符合人性本质，违背了血缘亲情的自然法则，因此墨家被孟子批评为"无父无母"，"兼爱"思想也只能沦为一种虚无的幻想。而儒家的"仁爱"学说则是忠于人性本身的，它的"亲亲"思想并非强调自私、狭隘之爱，而是对自然法则的尊重。由"爱亲"开始，向外推延至"爱人"，再到"泛爱众"，再到爱万物，由近及远，由亲到疏，"仁"在儒家这里成为了爱的源泉。

以人为本是儒家思想的精神内核，"仁者，爱人"这一人本命题的提出，也决定了仁成为儒家思想的核心与基础。汉代大儒董仲舒所说的"仁者，所以爱人类也"（《春秋繁露》）是对这一命题非常好的解读。《论语·乡党》篇记载了一个事件："厩焚，子退朝，曰：'伤人乎？'不问马。""厩"就是马棚。说有一次马棚失火了,在那个时代,马属于颇为贵重的财产。孔子听说失火后的第一反应是问有人受伤了没,而完全没有去问马匹这些财产是否受损。马匹虽然贵重,但在人面前,却不值一提。孔子这种闻知突发情况后下意识的行为举止,正是其以人为本的仁爱思想的真实写照。

那么,该如何在生活中去践行仁呢?为仁之方是什么?对此,孔子的回答是:"夫仁者,己欲立而立人,己欲达而达人。能近取譬,可谓仁之方也已。"(《论语·雍也》)"能近取譬",就是指由自我做起,从身边、近处着手,将心比心,推己度人,由己及人。《论语·里仁》篇说,有一次,孔子对他的弟子曾参说:"参乎,吾道一以贯之。"曾参应下后,其他弟子不解,就向曾参请教,曾参解释道:"夫子之道,忠恕而已矣。"既然仁是孔子思想的核心,是孔子之道,那么能将孔子之道一以贯之的"忠恕"又是什么呢?宋代大儒朱熹对此解释为:"尽己之谓忠,推己之谓恕。"(《四书章句集注》)"忠"是一种主动的对自身的要求,体现为尽己与无私;"恕"是一种被动的对别人的要求,体现为宽容与理解。忠可看作一种积极的推己及人,恕则可视为一种消极的推己及人。"己欲立而立人,己欲达而达人",自己内心希望做到的,也去帮助别人做到;自己内心希望达成的,也去帮助别人达成。比如工作中自己会希望有好的业绩,将这种积极的感受推己及人,去帮助同事做出同样好的业绩,这就是"忠";"己所不欲,勿施于人",自己不想要的东西,也不去强加于别人。工作中自己不喜欢受到上级的指责,将这种消极的感受推己及人,就知道下属也不喜欢受到自己的指责,那么在对待下属时态度就会温和许多,这就是"恕"。

能近取譬,从身边出发,以忠恕之道推己及人,将对自己之爱、对亲人之爱推及他人，如同孟子说："老吾老以及人之老，幼吾幼以及人之幼。"（《孟子·梁惠王上》）将对自己父母的孝心孝行推及至其他老人身上，对自己孩子的关心关爱推及至其他孩子身上，这就是孔子所说的仁道。因此冯友兰先生说："行忠恕就是行仁。"①一个人做到了忠与恕，那便实现了仁爱的基本义务与责任。将忠恕作为为仁之方，以人人可为的推己及人作为践行仁的途径，这就把看似遥不可及的仁道从天上拉回人间。只要能将心比心，由己及人，那么就能做到仁。也正因此，仁者孔子会有"仁远乎哉？我欲仁，斯仁至矣"（《论语·述而》）的谆谆教诲。

二、义：义者宜也

仁是儒家最高的道德追求，忠恕是行仁的实践方法。那么，如何判定其是否符合道德规范呢？这个判断标准，就是义。

与"仁"一样，"义"也并非孔子所创。早在甲骨文中，"义"字就已经出现了，其甲骨字形是人头戴羊冠，手拿一把长柄的三叉武器，代表了一种威仪。"义"字繁写为"義"，《说文解字》"我"部中解释为："义，己之威仪也。从我从羊。"段玉裁注："郑司农注《周礼·肆师》：'古者书仪但为义，今时所谓义为谊。'是谓义为古文威仪字，谊为古文仁义字。"（《说文解字注》）通过这一解释可见，甲骨文中的"义"字就是"仪"，最初本意是指得体的仪容，代表着威严不可侵犯的社会等级的仪礼或法规。

及至先秦典籍之中，"义"的原始含义开始发生变化。因为同音字之间常常源于同一字义，所以古人会以发音相同或相似的字来互释，像"仁者，人也"，"政者，正也"。在《尚书》中，"义"字与"宜"字开始假借与

---

① 冯友兰：《中国哲学简史》，北京：北京大学出版社，1985年，第51页。

互通,"义"不再只是代表社会等级的仪礼之意义,而是被赋予了道德内涵,有"应当""应该"之意。孔子继承了先秦典籍中"义"的道德内涵的演变,释"义"为:"义者,宜也。"(《中庸》)"宜"用今天的话来解释就是适宜、合宜。要做到宜,就需要在不同的情景之下,做出适宜的道德判断,实施合宜的行动,而非僵化的一成不变。只有坚持这个原则,才能做到真正的宜,才是真正的义。

事物是不断发展变化的,社会不断进步,社会结构与社会形式也随之发生变化,这就要求相应的行为、道德判断标准也要随之变化。冯友兰先生指出,孔子"义的观念是形式的观念……其形式的本质就是……'应该'"。[1]僵固不化非但不能更好地坚守传统,反而会背离传统的本义,成为社会进步的绊脚石。只有将义作为行为的准则,才是真正的"圣之时者"。孔子并非人们印象中那种不撞南墙不回头的腐儒,他说:"君子之于天下,无适也,无莫也,义之与比。"(《论语·里仁》)东晋经学家范宁在《论语范氏注》中解释说:"适、莫,犹厚薄也。比,亲也;君子与人无偏颇厚薄,惟仁义是亲也。"孔子这句话通俗点说就是,君子对于天下的事,没有规定一定要怎么做,也没有规定一定不能怎么做,只要合于义就可以做。义在这里,就是合宜、适宜。

孔子向来不主张僵化固执。《论语·子罕》篇中,孔子说:"麻冕,礼也,今也纯,俭,吾从众。拜下,礼也,今拜乎上,泰也。虽违众,吾从下。""麻冕"和"拜下"都属于古礼,孔子对它们并非不加区分地一概继承,而是根据是否合于礼,相应地给出或是改变或是坚持的道德判断。麻冕,古代用缁布做成的一种礼冠,工艺精细,因此较为昂贵。纯,黑丝做成的礼帽,较麻冕为节省。纯替代麻冕,礼冠由贵变俭,但执礼的内涵

---

[1]　冯友兰:《中国哲学简史》,北京:北京大学出版社,1996年,第38页。

精神不变,因此孔子在这点上顺从众人的作法。拜下,是指古代臣对君行礼,要先在堂下拜的仪礼。而现在都在堂上拜,对君有轻视骄泰之嫌,是对礼的内涵精神的忤逆,因此即便现在众人都这么做,孔子依然坚持"拜下"。这就是孔子"义之与比"的行为准则。又如,周武王灭商以后,商朝孤竹国国君的两个儿子伯夷、叔齐,因反对武王武力推翻旧朝的行径而不食周粟饿死在首阳山。对于事件的对立双方,孔子既称伯夷、叔齐"不降其志,不辱其身",是信念坚定的贤人,同时又给予周武王极高的评价,这看似矛盾却是合乎义之原则的。伯夷、叔齐不食周粟是恪守道义之举,而武王灭周亦是顺天应时的正义行为,因此在这里,虽是迥然对立的双方,孔子却对二者都给予了正面的肯定,这正是对义原则的坚守与遵循。

在《左传》与《国语》之中,义已经完全脱离了原始仪礼之义,演化成为具有普遍性的伦理原则,代表着一种天道之自然与人道之当然。在儒家看来,义是对天道即事物发展规律的遵从。由"天道"到"人道",便是人们自身内在的价值观念和外在的行为准则,源于人们内心的自我价值衡量,而外在表现为人与人之间的道德行为规范。孟子从"人性本善"出发,将义列为四端之一。"四端"即孟子提出的儒者需具有的四种德性,即"仁、义、礼、智"。这四种德性源出于人内心自有的"恻隐、善恶、辞让、是非"四种情感,其中,"善恶之心,义之端也"(《孟子·公孙丑上》)。义作为处理人际关系的一种道德规范,成为衡量善恶的重要标准。正是由于义在规范与判断行为是否合宜时所具有的道德因素,所以孟子将义与代表儒家最高道德境界的仁并举。孟子指出,仁与义均出自人的内心,作为儒家两个最为重要的道德范畴,两者各自独立又紧密相连。他说:"仁,人心也;义,人路也。"(《孟子·告子上》)又说:"居仁由义，大人之事备矣。"（《孟子·尽心上》）"居仁由义"，居是根本，是出发点；由是路径，是实践方向。这个根本与出发点就是人心，就是人之所以为人的本质所在，就是仁；而到达的路径与实践方向就是人路，就是是否合于仁的道德准则，就是义。仁是义的出发点，义是仁的规范与衡量。仁是儒家追寻的最高道德境界，而行为是否合于仁，则要以义作为判断标准与衡量准则。

在儒家尤其是先秦儒家思想之中，义虽被列为一个独立的道德范畴，但从来都不是孤立存在的。它往往与儒家众多的道德科目并列放在一起，像"仁义""礼义""忠义""信义"等等，这是以义作为道德衡量准则的一个重要体现。正如张岱年先生所说："义乃立身之本，是行为之最高标准。"①孔门弟子中以"勇"著称的子路向孔子请教："君子看重勇吗？"孔子回答说："君子义以为上。君子有勇而无义为乱，小人有勇而无义为盗。"（《论语·阳货》)）针对尚勇的子路，孔子明确指出，义才是君子最为看重的品质。居上位的人如果只有勇没有义，那么就会叛上作乱；平民百姓如果只知勇而不知义，那么就会为非作歹。在这里，义是勇的"最高标准"，是勇的规范准则，有勇无义只能给社会带来危害。不止是勇，义也是践行众德的"最高标准"，是衡量其他德目是否合宜的一个伦理准则。

段玉裁在"义"的古义为"威仪"的基础上更进一步解释说："威仪出于己，故从我……义必由中断制也，从羊者，与善美同义。"（《说文解字注》)段玉裁对"义"由"威仪"到"道德规范"的演化进程进行了完整的描述。在这里，义由外在的威仪，演化而成了人们内在的一种自我裁制的衡量机制（"由中断制"），且被赋予了道德意义（"与善美同义"）。

---

① 张岱年：《中国哲学大纲》，北京：中国社会科学出版社，1994年，第387页。

由此，义也成为了儒家完美人格也就是君子人格所必备的道德品质。《论语》中，"君子义以为上"（《阳货》），"君子义以为质"（《卫灵公》），"君子喻于义，小人喻于利"（《里仁》），从孔子开始，义作为一种美好的品质，成为历代仁人君子正己立身的行为规范，成为世人所奉行的行事准则。居之于仁，由之于义，堂堂正正做人，正正当当做事。把义作为行为准则与道德规范，就是强调行为的正当性与合理性。人们在日常生活中能否将义作为自身的行为准则，能否正正当当地做事，是社会文明能否取得长足进步的关键，关乎人们自身的生存状态，对社会的和谐和稳定有着不可估量的作用。

三、孝：百善之首

盗墓行当里流行一种说法，说盗墓者须是父子搭档才能长久。因为在盗墓的时候需要至少两个人配合，洞穴凿通之后，一人要进到墓穴里面把财宝装袋，另外一人则负责在外面将装好的财宝从墓穴里拉出。最早的盗墓者之间没有亲情关系，贪婪的本性往往使得外面的人想独吞财宝，于是在拉出财宝之后便独自逃离，不顾里面同伙的死活，更有甚者还会将同伙反埋在墓穴里。为了避免这一纠葛，盗墓逐渐演变成父子档，父子两人搭档去盗墓。最开始时，由父亲进到里面盗宝，儿子在外面等待，但宝藏到手之后，儿子将父亲弃之不顾的事件仍时有发生。再后来就改为儿子进到墓穴里面，父亲在外等待。据说改为这种规矩之后，贪婪的悲剧就再也没有发生过。这一见不得光的行当的默认"行规"，却从侧面证明了父母对子女有着一种超越一切的无私之爱，这是一种不需外求的天性使然。孔子讲："子生三年，然后免于父母之怀。"（《论语·阳

货 》）从呱呱坠地的婴童开始,父母便无私地肩负起养育之责,含辛茹苦,悉心呵护。"哀哀父母,生我劬劳"(《诗经·小雅·蓼莪》)。我们在父母的照料下一天天长大,父母却一天天老去,我们对父母舐犊之情最好的回报,就是要做到孝。

关于"孝"的含义,《说文解字》说:"孝,善事父母者,从老省,从子,子承老也。"《尔雅·释训》讲:"善事父母为孝。"也就是说,"孝"的基本含义是敬老爱老、事亲善行,包含了子女对父母在赡养、尊敬、送终等方面应尽的义务。

孝的观念并非生而有之。母系氏族社会时期,生活物资相对匮乏,劳动所得仅够维持基本的生存需求。氏族成员需要共同分享劳动果实,对年幼、年长者的抚养,成为氏族成员的集体责任与义务,物资的匮乏使得"亲亲之私"从最基本的生存层面上就被否定了。直到进入父系氏族社会,生活物质在满足基本生存需求的基础上有了富余,私有制逐渐产生。在这一以男子为主导和中心的社会形态中,劳动成果需要承继的概念开始产生,这也促使以男子为中心的一夫一妻制家庭形式被逐步确立下来,以确保"财富必须传给这一男子的子女,而不是传给其他任何人的子女"[①]。父子之间的血缘关系在一夫一妻制家庭确立中得以明确,父母抚养子女,子女赡养父母,抚育行为由母系氏族社会的集体举止变为一种有着明确血缘亲情对象间的权利与义务,这为孝观念的产生提供了必要条件。

甲骨文中出现的"孝"字,其基本含义是"奉先思孝",是对先祖鬼神的一种敬畏追思。到了春秋时期,孔子在恢复周礼、重建伦理道德的过程中,创建了以仁为核心的思想体系,用仁学重新解释孝,这就摆脱了周

① 恩格斯:"家庭、私有制和国家的起源",《马克思恩格斯选集》第4卷,北京:人民出版社, 1972年,第71页。

代以前把重点放在追孝祖先上的局限，而把重点放在了入世的孝上面，在"敬养"方面给予了更多的关注和充分的发挥，并将孝提升到了"百行之本"的高度。孝敬父母不再是因为鬼神的约束和社会的外在压力，而是出自人们内心的情感需求和道德自觉。这一变化，就使得孝的概念由宗教转向哲学，这既是对以往思想文化的超越，也显示出对现世生活的关注，成为孔子对孝道思想的一大贡献。

"百善孝为先"，在儒家伦理道德范畴里面，孝是百善之首、众德之本。周武王昭告其弟康叔去治理卫国时的《尚书·康诰》，是最早出现"孝"字的先秦典籍，在书中武王对康叔讲："元恶大憝，矧惟不孝不友。"孝是对父母而言，友是对兄弟而言。"憝"，就是奸恶。这句话的意思就是说，对父母不孝，对兄弟不敬，在武王看来是万恶之魁首。孔子的弟子有若也说："君子务本，本立而道生。孝弟也者，其为仁之本与？"（《论语·学而》）在儒家看来，父子、兄弟之间的亲情是仁的根本，培养仁心，当从孝悌之心开始。《礼记·祭义》说："夫孝，置之而塞乎天地，溥之而横乎四海，施之后世而无朝夕，推而放诸东海而准，推而放诸西海而准，推而放诸南海而准，推而放诸北海而准。"孝是放之四海皆准的道德规范，成为中国古代社会伦理体系里面一个十分重要的德目。

如何才能称之为孝呢？在儒家看来，首先要在物质层面尽到赡养父母的义务。父母对子女有养育之恩，幼时子女因幼小而不能自力更生，父母辛苦抚养成人。待到子女成年之后，父母渐老，也会因年纪愈大而逐渐丧失自理能力，这时便需要子女首先从物质上尽到赡养父母的基本义务。孟子认为世俗有五种不孝的行径，前三种均是因种种恶习而不赡养父母，"惰其四支，不顾父母之养，一不孝也；博弈好饮酒，不顾父母之养，二不孝也；好货财，私妻子，不顾父母之养，三不孝也"（《孟子·离娄下》）。古代社会对这种"不顾父母之养"的行径是非常鄙视的，我们在一些古代文学艺术作品中常见此类对不孝行径的讽刺。

那么，做到物质上的"养"亲是不是就可以称为孝了呢？当然不是！在"孝"字之后，还有一"敬"字。对父母的敬，是指在血缘亲情基础上油然而发的一种敬爱之情，只有建立在衷心敬爱血缘情感之上的孝亲，才是真正的孝。古代有一幅相当有名的对联："百善孝为先，原心不原迹，原迹贫家无孝子；万恶淫为首，论迹不论心，论心世上少完人。"如果以"养"亲作为孝的衡量标准，贫穷人家受困于条件制约，在物质赡养上肯定做不好。《盐铁论·孝养》中有关于周襄王的一段记载："周襄王之母非无酒肉也，衣食非不如曾皙也，然而被不孝之名，以其不能事其父母也。"周襄王作为一国之君，对物质层面上赡养自己的母亲肯定没问题，但仍被披上"不孝"的骂名，这是为什么呢？这儿就有一个"敬"与"养"的对比了。在儒家看来，对父母进行物质上的赡养，只是孝的最低层面。周襄王对其母只有养体之孝，却不能事亲以礼，只有养，没有敬，就不能称之为孝了。孔子的弟子曾子将孝分为三个层次："大孝尊亲，其次弗辱，其下能养。"养亲只是孝的最基本层面，我们说孝敬老人，真正的孝应该是以敬为基础的，要事亲以礼。因此《盐铁论·孝养》中继续说："君子重其礼，小人贪其养。夫嗟来而招之，投而与之，乞者犹不取也。君子苟无其礼，虽美不食焉。"那种无礼召唤，将东西不尊重地随手抛过去，即便是乞讨之人也不会接受。

孔子的弟子子游曾向孔子请教孝，孔子回答："今之孝者，是谓能养。至于犬马，皆能有养。不敬，何以别乎？"（《论语·为政》）孔子说，现在人们认为能做到物质层面的赡养义务就是孝了，但这其实只是子女对父母最基本的义务。对饲养的狗和马这些动物，人也是在养。只有在养的基础上对父母还能做到敬,才真正称得上孝,否则跟饲养动物有什么分别?"孝敬"一词由"孝"与"敬"两字共同组成,这就说明,子女在满足父母物质生活的基础上,还要使父母在精神上欢愉,这才称得上是真正的孝敬。"小人皆能养其亲,君子不敬,何以辨?"(《礼记·坊记》)敬是区分君子与小人在养父母一事上的道德标准,这里面蕴含了深刻的仁德内涵。

在孔子仁学思想体系中,孝既是人们道德情感的本源和最基本的伦理要求,也是人自幼就有的一种朴素情感,它贯穿于人们道德情感发展的全过程,影响着人们的道德行为。《孝经》记载了孔子的一段话:"事亲者,居上不骄,为下不乱,在丑不争。居上而骄则亡,为下而乱则刑,在丑而争则兵。三者不除,虽日用三牲之养,犹为不孝也。"这就说明,在孔子看来,孝并不是单纯的奉养父母,还与人的德性有关。只有具备"不骄""不乱""不争"等良好的德性,才有可能成为孝子。如果一个人居于君位就骄人凌世,居于臣位就扰上作乱,居于卑位就激愤争斗,即使每天都用美味佳肴供养父母,也不能算是孝子。因为这样的人一般都不会有好的下场,其结果必然会毁坏父母的名声,最终会违背孝的本意和内涵。

四、悌:长幼之节

在儒家的家庭伦理范畴中,除了孝,还有一个十分重要的德目,那就是"悌"。如果说孝是规范家庭中纵向关系也就是儿辈与父辈间的道德准则,那么悌就是规范家庭中横向关系即兄弟姊妹间的道德准则。

关于兄弟姊妹的称谓与排序,很容易理解。《尔雅·释亲》里面说:"男子:先生为兄,后生为弟;谓女子:先生为姊,后生为妹。"《说文解字》对"兄、姊、妹"的解释比较直白易懂,分别为:"兄,长也";"姊,女兄也";"妹,女弟也。"而对"弟"的解释则含有引申之意:"弟,韦束之次第也。""韦"就是牛皮绳,用皮绳捆东西,捆的东西有大有小,这种大小之分就是次第。"弟"的本义包含有"次第"的意思,有大小之分,反映在平辈之间就是"长幼有序"。

在中国传统典籍之中,常见"孝""悌"两字并举。与孝的社会功用相仿,基于先天血缘所带来的长幼之序,悌在传统家庭伦理中常演化为上下之序,在一定意义上悌更侧重于幼对长、小对大、下对上的义务、付出与服从。儒家家庭伦理思想中"悌道"一般都是作为从属于处理家庭血缘关系的核心伦理孝道而出现的,从这个层面而言,悌道是孝道的补充和延伸。孝是纵,悌是横。"兄,长也""男子后生为弟",有先有后,有长有幼,进而就有了"长幼有序"(《孟子·滕文公上》)的说教。

在古代宗法社会尤其是上层贵族社会,嫡长子是家庭乃至整个家族的中心,是父辈爵位财富的唯一继承人,这种彰显长幼之序的嫡长子继承制对封建专制统治的巩固是十分有利的,因此传统伦理十分推崇悌。兄弟之间原本只是出生顺序不同,但是在宗法家族制度下,却被赋予了不同的权利与地位,兄弟之间不再是真正意义上的平等关系,而演变成了上下关系、尊卑关系。长兄如父,一个家庭在父亲去世后,兄长就是这个家庭的一家之长,兄长的地位高于弟弟。学者林安梧在《儒学与中国传统社会之哲学省察》一书中详细论证了兄弟"同阶不同位"的问题,他认为"兄弟之间,其阶应当是平等的,但其位却是不平等的。阶是就同出于父母而言,位是就其宗法次序不同而言"。这较为准确地描述出了儒家视野下兄弟关系同出却又尊卑不同的伦理秩序。

春秋末期礼崩乐坏,西周宗法制度受到了极大的冲击,儒家从家庭伦理道德入手,力图对混乱的社会状况予以救赎。作为古代宗法社会家庭血缘关系的道德规范,孝悌被视为一切道德的根源。儒家倡导"教民亲爱,莫善于孝。教民礼顺,莫善于悌"(《孝经·广要道章》),指出统治者如果要教导百姓相亲相爱,那么没有比弘扬孝道更好的方法了,因为孝是仁爱的原点;教导百姓遵循礼节,顺从长上,没有比弘扬悌道更好的方式了,因为悌是上下之分的道德规范。君主应当以身作则,以孝悌去教化民众,通过自己的行为感召民众,从而达到社会的和谐和稳定。

"出则事公卿,入则事父兄"。(《论语·子罕》)在孔子看来,孝顺父母与敬重兄长有一致性,所以孔子所谈的孝,在一定程度上包含着悌。他把父子之道、兄弟之道——孝悌的道德修养放在了学业的首位。他教弟子的第一件事就是"入则孝,出则弟"(《论语·学而》)。孔子一生致力的事业是造就一个仁爱的世界,而最好的方法就是教人孝悌。

悌与孝虽都有上下之分的含义在其中,但两者之间又有所不同。前者所规范的是家庭中的横向关系,有长幼之分却也有着同辈之间的平等性前提;后者所规范的是家庭中的纵向关系,亲情之外也有着不可逾越的上下之别。因此,孝被视为道德修养的起点,悌则是孝之后的道德修养次序,即"孝,德之始也;悌,德之序也"(《孔子家语·弟子行》)。

学者梅良勇指出:"在宗法制度下,宗族地位及其相应的政治权利的继承,使父子之伦的地位突出。而实际上,这种地位和权利的继承只不过是地位和权利在兄弟之间进行的分配,分配的结果也必然造成兄弟间地位和权利的悬殊。由此,兄弟间必然展开对继承权的争夺,从而引发兄弟间的种种矛盾,因而在当时,兄弟之伦也备受重视"。为了避免兄弟之间为了争夺权位财富而反目成仇,儒家的悌道一方面强调"长幼有序",另一方面更加强调兄弟之间的手足之亲。

兄弟姐妹之间有着天生不可替代的血缘关联，是家庭中最重要的横向亲缘关系。生长在同一个家庭中，长期共同生活使他们相互信赖、相互关心、相互帮助，但兄弟之间因权利和利益分配不均时常发生矛盾和冲突，甚至达到兄弟相残、视同仇人的地步，因此古人十分重视兄弟关系对家庭和睦的影响。"悌"字在古代通常写作"弟"。"悌"从字面意思来看，就是"弟"字旁边加了一个"心"，意指兄弟之间的友爱与敬重。许慎在《说文解字》中释之为："悌，善兄弟也。从心，弟声。"这里对兄弟双方都赋予了责任、义务和要求。在儒家看来，这份责任与义务就是兄友弟恭。"友"，《说文解字》释为："同志为友，从二又相交。"段玉裁对此解释为："二又，二人也。善兄弟曰友，亦取二人而如左右手也。""友"在这里指哥哥对弟弟的道德责任，要求哥哥对弟弟要疼爱、关心；"恭"，就是指弟弟对哥哥的道德义务，要求弟弟对哥哥要敬从、恭顺、谦恭而有礼。

兄弟关系与父子关系一样，都有着生而有之的血缘亲情，这两种血缘关系是家庭的基本构成。古人认为子事父，弟从兄，是自然的本末、先后的伦次的人伦体现，由此为顺，反此为逆。年幼者应对年长者恭敬顺从，同样，年长者更应对年幼者关爱友善，在儒家看来两者是互为前提的。如同父慈应是子孝的榜样一样，弟恭也是以兄友为对应的，这就要求父兄在生活中应起到表率作用。兄弟关系在传统家庭中虽存在着长幼有序的区分，但较其他社会关系则由于平辈的血缘关系而具有更多的平等因素，更应友爱和睦相处。因此兄弟间要相互仁爱，主动地友善，不耿耿于仇怨。

兄弟关系既不像父子关系那样等级森严，也不像夫妻关系那样有从属性质，它是平辈之间的关系，有较多的平等因素。兄姊年长，理应肩负起爱幼的职责；弟妹年幼，有着敬顺兄长的义务。在传统的家庭中，尽管兄弟关系存在着不平等的因素，但是相比较于其他伦理关系，平辈间的先天血缘关系使其处于友爱、和睦的亲情关系。儒家要求兄弟之间要和睦相处，要把手足的情谊放在个人的利益之上，坚决反对破坏兄友弟恭的秩序，反对以一己利害危害兄弟感情，破坏兄弟间的和睦关系。当兄弟有矛盾或摩擦时，儒家也予以一定的伦理规范，"兄弟阋于墙，外御其侮"（《诗经·小雅·常棣》），"凡今之人，莫如兄弟"（《诗经·小雅·常棣》），"兄弟虽有小忿，不废懿亲"（《左传·僖公二十四年》）。也就是说，兄弟之间偶有矛盾不可避免，但是当遇到外部冲突时，就应该将兄弟矛盾搁置一边，一致对外。不管怎么争吵，兄弟关系有血缘相连，仍是人际间最亲密的、最可信赖的关系之一。处理好兄弟关系、道德伦理，有利于促进家庭生活的融洽，维护家庭的道德伦理。颜之推说："兄弟不睦，则子侄不爱；子侄不爱，则群从疏薄；群从疏薄，则僮仆为仇敌矣。"（《颜氏家训·兄弟》）只有兄弟和睦，才能为后世的子侄乃至全家做一个好的表率。如果兄弟之间不和睦，那么势必会影响到下一代子侄之间的相处，一个家庭的矛盾也由此衍生。在这里，兄弟的和睦，成为了一个家庭、家族乃至社会和谐的先决条件。

因此，儒家所倡导的兄弟相亲相爱，不只是局限于兄弟姊妹间的和睦相敬，在儒家看来，这只是血缘亲情的本质表现。以此为基础，儒家奉行"己欲立而立人，己欲达而达人"（《论语·雍也》），主张将悌的思想推己及人，孟子讲："老吾老以及人之老，幼吾幼以及人之幼，天下可运于掌。"（《孟子·梁惠王上》）把兄友弟恭的友爱思想推之于社会，尊敬长者，爱护幼者，待人恭敬有礼，共同营造出一个和谐友爱的社会，这是儒家悌之思想的真正意义所在。

五、忠：尽心曰忠

说到忠，我们通常会想到"君要臣死，臣不得不死"的封建愚忠思想，这其实是对忠的极为片面与错误的解读。

在《说文解字》中，许慎把"忠"字释为："忠，敬也，从心，中声。"段玉裁对此注曰："敬者，肃也。未有尽心而不敬者……尽心曰忠。"（《说文解字注》）对人、对事能尽心尽力，与人为敬就是忠。"忠"字从心，指在与人交往过程中，自己内心真实的情感与外在行为的一致不违。

忠是自身对待他人的一种态度。我们提到忠，通常都会把它视为臣对君的一种单方面义务，但在先秦儒家看来，忠并非只限于臣之于君的单向关系，而是君子士人应有的一种道德品行。《论语·述而》篇中，孔子的弟子曾参说自己"吾日三省吾身"，其中首先反思的就是"为人谋而不忠乎"。这儿的"忠"就是对日常待人接物过程中的一种自我省察，而非臣之于君的特指关系。《论语》中此类例子非常多见，如《论语·颜渊》篇中，弟子子贡向孔子请教交友之道，孔子回答说："忠告而善道之，不可则止，毋自辱焉。"如果感觉朋友的一些做法出现问题，就当尽己之心，真诚而善言相劝。如果朋友不认可，就不要再继续说了，避免自身遭受羞辱。《论语·子路》篇中，弟子樊迟向孔子请教如何做才可称为仁，孔子说："居处恭，执事敬，与人忠。虽之夷狄，不可弃也。"独居时能仪容端正，做事时能敬慎认真，待人接物时能尽心尽力。即便是到了未开化的蛮夷之地，也能做到不背弃而行。在孔子看来，忠是与人相交的基本原则，是君子的必备德行，因此，他将忠列为四教之一，"子以四教：文、行、忠、信"（《论语·述而》），教授弟子待人尽忠之道。

在先秦儒家看来，忠运用到君臣之道上，也不是我们所理解的做臣子的单方面义务、无条件的付出,而是一种君臣互敬的对等关系。鲁定公曾就君臣相处之道与孔子探讨,"定公问:'君使臣,臣事君,如之何?'孔子对曰:'君使臣以礼,臣事君以忠。'"(《论语·八佾》)君主使唤臣子,臣子侍奉君主,该如何呢?孔子回答说:君主当以礼使臣,那么臣子自然也会以忠奉君了。君能尽君之道,给予臣子足够的尊重,那么臣子才会"事君以忠",也就是孔子所说的"君君臣臣,父父子子"(《论语·颜渊》)。朱熹讲:"二者皆理之当然,各欲自尽而已。"(《四书章句集注》)君臣各忠其道,各尽其责,是一种互敬的平等关系。君要尽到君道,能"使臣以礼",臣也要尽到臣道,也就是"事君以忠"。如果君不能尽到君道呢?孟子十分直白地表达道:"君之视臣如手足,则臣视君如腹心;君之视臣如犬马,则臣视君如国人;君之视臣如土芥,则臣视君如寇仇。"(《孟子·离娄下》)也就是说,君主如果看待臣子如同自己的手足,那么臣子就会把君主视作自身最重要的腹心;君主如果看待臣子如同犬马,那么臣子就会把君主视作无关的路人;君主如果看待臣子如泥土草芥般低贱,那么臣子就会把君主视作仇敌。君臣双方是互敬互重的对等关系,忠并非臣对君的单方义务。这一点也为先秦其他学派所认可,如法家代表管仲就曾说:"为人君者,中正而无私;为人臣者,忠信而不党。"(《管子·五辅》)

无论是待人之道,还是君臣互处,先秦儒家对于忠的运用,都是强调从自身角度出发寻求自我的德性升华,忠于君子之道,尽己之心做实实在在的努力。然而随着君主专制政治体制的确立,出于封建统治的需要,忠的含义开始发生异化。在董仲舒大一统思想提出以后,儒家学说成为封建社会的统治学说,这一方面有利于儒家思想的传播,另一方面却由于政治因素的注入而变质,忠由先秦时期互敬互重的尽己之德逐渐缩变成为臣子对君主的单向义务。有学者因此指出："董仲舒虽然以继承儒者事业自居，但已尽弃先秦儒学的民主性精华，接纳了法家的绝对君权理论，结合阴阳五行学说，建立起一套完整的天人感应的神学唯心主义哲学体系。"①到了宋代，理学家们更是将忠孝节义融为一体，对君主的私忠发展到愚忠，彻底背离了先秦儒家尽己敬人的道德本义。

荀子曾将臣之于君分为大忠、次忠、下忠和国贼四种，他说："有大忠者，有次忠者，有下忠者，有国贼者。以德复君而化之，大忠也；以德调君而辅之，次忠也；以是谏非而怒之，下忠也；不恤君之荣辱，不恤国之臧否，偷合苟容以持禄养交而已耳，国贼也。"在荀子看来，以德去熏陶并感化君主的，是头等的忠；用德调顺君主并辅佐他的，是次等的忠；用正确的主张去劝谏君主却触怒他的，是下等的忠；而那种不顾君主的荣辱，不管国家的得失，只是一味苟且迎合君主、无原则地求取容身，以此来保住自己的俸禄、去豢养结交党羽的，就是国贼。像周公对周成王，就是大忠；管仲对齐桓公，就是次忠；伍子胥对吴王夫差就是下忠；而曹触龙对商纣王，就是国贼。对君之忠与对国之忠应保持一致，才可称为上忠。当君主个人私利与国家整体利益发生冲突时，荀子甚至主张"抗君之命，窃君之重，反君之事，以安国之危"（《荀子·臣道》）。也就是说，当君主的行为会损害到国家安危时，不惜违抗君命，反对君主的错误决定，使国家转危为安，这才是真正的忠。而那种不顾国家安危，一味听从于君主命令，维护君主个人利益的，就会演化成愚忠。

南宋时期被我们称为民族英雄的岳飞，母亲在其背上刻下"精忠报国"四个字，他一生以此为训。不过，岳飞却犯了一个关键性的错误，他

---

① 　王国良："从忠君到天下为公——儒家君臣关系论的演变"，载《孔子学刊》，2000年第9期。

模糊了对君之私忠和对国家、对民族之大忠。在抗金节节胜利的关键时刻，他因不愿违背昏君撤军的荒唐命令，失去了击败敌人的有利时机，最终被佞臣昏君以"莫须有"罪名加害，此后南宋破亡，国家民族遭受外族凌辱。岳飞听从了君主命令，却使国家和人民受难，从这个层面上来看，岳飞不能称为"精忠报国"，顶多算作"报君"罢了。

在儒家看来，忠于人民、忠于国家、忠于民族才是大忠。相传为东汉经学家马融所作的《忠经》，以"述仲尼之说"为宗旨，就将"忠"释为："忠者，中也，致公无私。"从民族利益来说，君是私，国是公，不分黑白的君国一体思想是愚忠产生的根源。正是基于这种教训，儒家提倡以"公忠"之德来消减私忠，从而杜绝愚忠思想带来的各种弊端。将国家、民族、人民利益放在首位的"公忠体国"（郭沫若语）是儒家所倡导的忠的真实意义所在，它既是对传统忠君观念中愚忠思想的一种扬弃，也是对忠君观念中爱国理念的一个升华。历史也向我们证明，只有秉持公忠体国这一理念，才能真正实现"四海之内，有太平音"的美好理想。

作为中华民族长久以来所倡导的一种优良品德，忠虽然在其发展、演化的历史进程之中走过一段歧路，发生了诸如愚忠之类的异化，但其所倡导的尽心努力的积极意义却从未改变。它作为一种美好的德性与道德规束，贯穿于中国人处己、待人、为政的方方面面，是中华民族最为崇高神圣的价值追求之一。

六、信：言而有信

《论语·颜渊》篇中，孔子的弟子子贡向孔子请教治国之道，孔子列出"足食"（充足的粮食）、"足兵"（充足的军备）、"民信"（人民对统治者的信任）三个必备要素。子贡进而问道，如到万不得已无法兼备的时候，要先舍弃哪一个？孔子说，去掉军备。子贡又问，如果再舍弃一个呢？孔子说，去掉粮食，"自古皆有死，民无信不立"。无信不立，宁可舍弃防卫国家的军备和维持生存的粮食，也要固守"民信"，可见信在孔子思想中的重要性。

"信"的观念也是源于人类的祭祀活动，最初指人在祭祀中对上天与祖先所说的话要真实不违，《左传·襄公九年》中"盟誓之言，岂敢背之"表达的就是信的这一原初意义。从字形来看，"人言为信"，《说文解字》将"信"字列入"言"部，"信，诚也。从人从言"。信既要客观、真实地反映事物的本真状态，又要在行动上做到与内心一致无二，即言而有信，言行一致。南宋人袁采解释为："有所许诺，纤毫必偿；有所期待，时刻不易，所谓信也。"（《袁氏世范·处己》）从这个层面上来看，信的基本含义就是说到做到，踏踏实实的承诺。

在中国古代农业社会的早期，"家家守村业，头白不出门"是一种生活常态，人与人在相对孤立的地点和狭窄的范围内发生着地方性联系。宗族血亲形成的血缘关系与属地相邻形成的地缘关系共同组成了一个相对较小的"熟人"环境，人们的社会联系往往只局限于此。在这种亲人、邻里之间或较为熟悉的人构成的"熟人"环境之中，人与人彼此相熟，彼此依赖，信的产生成为必然，也是必要的。因此，随着社会文明的进步，信逐渐从原先的宗教意义中剥离出来，逐步扩大至人际交往之中。《礼记·大学》载："为人君，止于仁；为人臣，止于敬；为人子，止于孝；为人父，止于慈；与国人交，止于信。"这里"与国人交"便是指与普通大众的交往，是针对一般交际关系而言的，强调信是人与人交往的基本准则，是人际关系和谐的基础。

到了春秋时期，先哲们将信观念发展为系统的理性的思想观念，从社会的潜意识形态演变为显意识形态。孔子从社会个体修养入手，着眼于社会的稳定与和谐，围绕人伦对信展开论述。他意识到，人类社会一旦产生，人们即处于纷繁复杂的社会联系之中，随着社会的不断进步，政治经济的发展，联系会愈来愈密切，因此要想在复杂的社会关系中游刃有余，必须依靠人与人之间的相互信任与守信，否则社会关系将陷于混乱之中。"人而无信，不知其可也"。试想，如果一个人满口妄言，每每失信于人，久而久之，周围的人对他就会唯恐避之不及，自然也就无法在社会立足。对此，孔子做了一形象的比喻，他说："大车无輗，小车无軏，其何以行之哉？"（《论语·为政》）古代拉货载重的牛车为大车，轻便载人的马车为小车。輗、軏是车辕与驾车牲畜相连横木上的关键部件，大车上的称之为輗，小车上的称之为軏。如果没了它们，就不能套住拉车的牲畜，车子也就无法前行。信之于人，好比輗、軏之于车。没了信作道德支撑，人就会被孤立于正常的交际之外，在社会上将寸步难行。信是人们立身处世的根本，是处理人际关系的重要道德原则。人们只有在信的基础上才能进行正常的交往，才能自觉地依据道德原则来规范自己的行为，进而达到更高的道德境界。

"信"守在《论语》中共出现38次，像"与朋友交，言而有信"，"老者安之，朋友信之，少者怀之"，"主忠信，毋友不如己者，过则勿惮改"等，足见孔子对信的重视。孔子把信列为"四教"之一，"子以四教：文、行、忠、信"（《论语·学而》），孟子则进一步将信作为处理五种人伦关系的规范之一，提出"朋友有信"（《孟子·滕文公上》）的伦理规范。人之所以有别于动物，在于人的社会性，即人是社会的人。人与人的各种交往关系，构成了基本的社会关系，生活在社会中的每个人都必然与他人发生这样或那样的社会关系，"人伦"就是指这些人际关系的基本准则或基本伦理。孟子把这些社会关系细分为五种，也就是"五伦"，即"父子有亲，君臣有义，夫妇有别，长幼有叙，朋友有信"，分别是处理父子、君臣、夫妇、长幼、朋友这五种人际关系的基本道德规范，也就是父子之间本有骨肉之亲，君臣之间要具上下之义，夫妻之间当有内外之别，老少之间应存尊卑之序，朋友之间要持诚信之道。孟子认为，如果没有了这五伦，人就"近于禽兽"。他说："人之有道也，饱食暖衣，逸居而无教，则近于禽兽。圣人有忧之，使契为司徒，教以人伦。"（《孟子·滕文公上》）孟子把"朋友有信"纳入五种基本的社会关系当中，认为信是朋友之间交往的基本道德准则，体现了孟子对信之德的高度重视，确定了信在调节人际关系中的重要地位。西汉董仲舒在孔子、孟子的信理论的基础之上，进而把信与仁、义、礼、智一并列为"五常"，确立了信在中国传统道德体系中的重要地位，成为社会的重要道德规范之一。

　　诚信不欺、言而有信、重诺守信是人际交往中应遵循的基本准则。但是，作为一项道德规范，信又不是无条件、盲目的，而是在义的制约之下，以义为前提的。在《论语·子路》篇中，弟子子贡向孔子请教什么样的人才能称得上君子之"士"？孔子认为"士"也分三等：知荣耻而有足够的才能可以出使四方的人是第一等士；才能略逊但能称得上孝悌的人是第二等士；"言必信，行必果"的人也可称之为士，但在孔子看来只能算是第三等，孔子言其"硜硜然小人哉"。这儿所说的"小人"当然不是就道德而言，否则也不会被列入士的行列。之所以说是"小人"，是因为指其过于偏执，为践履诺言而不求大义。

　　因此，孟子在这段"言必信，行必果"的论述基础上，提出了"惟义所在"的道德判断标准。他说："大人者，言不必信，行不必果，惟义所在。"(《孟子·离娄下》)"大人",就是通达之人。孟子在这里当然不是倡导人言行不符,而是告诉我们,做事时要坚持内心的道德标准,言信须以是否合于道义为标准,要始终把合于义理作为守信的出发点。朱熹对此解释说:"大人言行,不先期于信、果。但义之所在,则必从之,卒亦未尝不信、果也。尹氏曰:'主于义,则信、果在其中矣。主于信、果,则未必合义。'"(《四书章句集注》)《论语·学而》篇中,孔子就说:"信近于义,言可复也。""复",就是践诺。这句话就是说,只有当许诺的话符合义时,这个诺言才有必要去兑现。朱熹进一步指出,"信不近义"就不能称之为信,而且还会"反害于信"。在许诺他人之时,首先要"度其事之合义与不合义",合义则可诺,不合义则绝不可诺。此外,即使合于义,也要看自己的能力是否能办到,要做踏踏实实的承诺,能做到则可诺,做不到则不可轻诺,一定要看自己"行得行不得",量力而为。如果你对他人所许的诺言违背了义理,在信与义之间需要做出抉择时,自然应去信怀义。

以"惟义所在"为道德前提,遵循"诚信无欺"的立世准则,诚意修身,才能建立一种相互信任、相互信赖的良性人际关系。千百年来,中华民族把信作为自身行为规范,以其为立身之本,相互信任是维系人们各种社会交往的重要链条。"若君不信以御臣,臣不信以奉君,父不信以交子,子不信以事父,夫不信以遇妇,妇不信以承夫,则君臣相疑于朝,父子相疑于家,夫妇相疑于室矣。大小混然而怀奸心,上下纷然而竞相欺,人伦于是矣"。(《傅子·义信》)缺少了信这一链条,各种交往关系便会随之散架,影响社会秩序的稳定。信是社会和谐的重要因素,是社会健康的重要标志。《礼记·礼运》篇说:"士以信相考,百姓以睦相守,天下之肥也。是为大顺。"只有士人能以信相检验,百姓和睦相处,这才是"大顺",也就是社会健康的体现。

随着时代的发展进步,信的社会内涵与外在要求也在随之发生变化。但是,无论社会如何发展变化,作为人际交往的基本要求与社会稳定的前提条件,作为中华民族最宝贵的优秀传统与精神财富,儒家所倡导的信观念都将为人们所认可与遵循。在广泛的社会生活领域中,倡导和遵从诚信原则,有助于人与人之间、个人与社会之间的沟通与协调,有助于合作、信赖关系的建立,有助于融洽和谐的人际关系的形成,也有助于家庭、社区、社会与国家的和谐稳定。

七、礼:礼者履也

自古以来,中国就素有"礼义之邦"的美称。礼文化是中国传统文化的重要组成部分,是中华民族所特有的精神文化符号。礼最早源出于原始社会的祭祀活动和生活习俗。"礼"字繁写为"禮",甲骨文中出现的"豊"的字形是祭祀用的器物。《说文解字》说:"礼者,履也,所以事神致福也。从示从豊,豊亦声。"段玉裁注:"履,足所依也。引申之凡所依皆曰履。引假借之法。……礼有五经,莫重于祭。故礼字从示、豊,行礼之器。"履是足之所依,而礼就是人之所依,依礼而祭神才能得到神的赐福与保佑。王国维在《观堂集林·释礼》中将其释之为:"盛玉以奉神人之器谓之丰,推之而奉神人之酒醴,亦谓之醴,又推之而奉神人之事,通谓之礼。"郭沫若先生也认为从"礼"的字形来看,礼的起源与祭祀行为息息相关,他在《十批判书·孔墨的批判》中说:"礼是后来的字。在金文里面,我们偶尔看见用豊字的。从字的结构上来说,是在一个器皿里面盛两串玉具以奉事于神。《盘庚篇》里面所说的'具乃贝玉',就是这个意思。大概礼之起于祀神,故其字后来从示,其后扩展而为对人,更其后扩展而为吉、凶、军、宾、嘉的各种仪制。"

《礼记·礼运》载："夫礼之初,始诸饮食,其燔黍捭豚,污尊而抔饮,蒉桴而土鼓,犹若可以致其敬于鬼神。"远古时期的人们,对未知的自然充满敬畏,认为"万物有灵",他们做熟黍米和肉,掘坑捧水而饮,敲击土鼓作乐,都是将人们的祈愿与敬意传达给鬼神,是一种祭礼。由此可见,礼的出现当源于原始的祭祀行为与生活习俗。

夏商两代的礼文化继承了原始宗教元素,历史学家范文澜分别称之为"尊命文化"和"尊神文化"。直到西周初年,周公引"德"入礼,礼被赋予了新的内涵与精神。"皇天无亲,惟德是辅。皇天无私,惟德是依"(《尚书·蔡仲之命》),"以德配天""敬德保民"思想的提出,使得礼的关注重心不再只是殷商以前唯一且不可逾越的"皇天",而逐渐开始转向人类的"德行"。周公将殷商以前的原始礼仪加以大规模整理和改造,把人们的衣、食、住、行、婚、丧、嫁、娶以及朝聘、祭祀等方面的行为,都纳入礼治道德范畴。在国家的组织与管理中,制定了一整套完备的礼乐制度,礼乐相合,互为补充,这就是我们所说的周公"制礼作乐"。

周公以后,礼从神坛走向世俗人间,礼序鬼神扩展到了礼序人伦,关注重点从人与神鬼之间的宗教关系转向了人与人之间的政治关系。礼从虚幻的神鬼世界延伸到现实的人际关系之中,由单一的宗教仪式的规范逐步衍生为含括政治、等级、宗族、民生、修身等各种社会行为的规范总则,成为"经国家,定社稷,序民人,利后嗣"(《左传·隐公十一年》)的社会法则。在褪去宗教仪式的外衣之后,礼变成了人们日常生活中践履的行为规范,"礼者,履也"成为先秦儒家的共识,像《易经·象辞》说"非礼弗履",《礼记·祭义》说"礼者,履此者也",《荀子·大略》说"礼者,人之所履也",《尔雅·释言》说"履,礼也"。

我们平时讲"不以规矩，不成方圆"，规和矩是校正圆和方的工具，而礼，就是人类社会行为的"规矩"，是校正人们道德行为、判断是非曲直的标准和依据。这种外化的、可衡量的礼的规矩，我们称之为"礼仪"，它是礼的现实践行与形制的具体化。有了外在的规矩，更要有内在的态度，这个态度就是礼之"礼义"。礼仪是礼的外在表现形式，而礼义，则是礼仪制定的根据和目的，是礼的最终意义所在。只有当外在的礼仪与内在的礼义真正统一起来，有了一个规规矩矩的态度，才能真正称之为"礼"。

孔子是周礼非常虔诚的向往者，他曾说："周鉴于二代，郁郁乎文哉！吾从周。"（《论语·八佾》）周礼在夏、商两代的基础上，礼乐文章一派繁盛完美之象，所以孔子会发出"吾从周"的感慨。然而春秋末期，由于周王室王权的日渐衰微，各诸侯国随着自身实力的增长，时有"僭越礼制"的情景发生，周礼已被践踏无几，孔子把这种局面称为"天下无道"。他说："天下有道，则礼乐征伐自天子出。天下无道，则礼乐征伐自诸侯出。自诸侯出，盖十世希不失矣；自大夫出，五世希不失矣。陪臣执国命，三世希不失矣。"（《论语·季氏》）孔子认为，礼乐的制定、执行与对外征伐一样，都属于国家的大事，在天下有道的社会中，这些都应是由天子决定的。而在天下无道的社会中，这些大事就由诸侯决定了。由诸侯决定这些大事，这个朝代大概经过十代就会垮台了。由大夫决定这些大事，大概经过五代就会垮台了。由家臣决定这些大事，只要经过三代就会垮台。

基于"礼崩乐坏"的社会混乱现状，孔子并不是单纯地追寻恢复礼乐形制，而是去深入探究礼乐内在的精神与意义。他说："礼云礼云，玉帛云乎哉？乐云乐云，钟鼓云乎哉？"（《论语·阳货》）我们所说的礼，难道只是指礼所用到的玉帛吗？我们所说的乐，难道只是指乐所用到的钟鼓吗？礼乐，难道是玉帛、钟鼓这些表面形式所能替代的吗？当然不是！在其外在形式之下，礼乐包含有更深刻的精神与意义，也即礼乐内在的思想与伦理依据。

孔子援仁入礼，将其核心思想"仁"植入礼乐之中，对礼乐价值做了重新确立。孔子的弟子颜渊有一天问，何为仁？孔子说："克己复礼为仁。"（《论语·颜渊》）颜渊继续问，在日常现实中该如何践行仁？孔子说："非礼勿视，非礼勿听，非礼勿言，非礼勿动。"（《论语·颜渊》）在孔子看来，以礼为准，依礼行事，才是实现仁的真正途径。孔子以礼作为仁的规束与框定，并以礼来指导仁在现实中的践行，同时，仁又是礼的内在根据与价值所在。在孔子这里，仁是礼的内在根本，礼是仁的外化表现。孔子将仁的内容与礼的形式相统一，使两者相辅相成，正如他所说："人而不仁，如礼何？人而不仁，如乐何？"（《论语·八佾》）"仁者，人也"（《礼记·中庸》），人的本质是仁，在礼的具体形制之中，对于以往祭祀的主体鬼神，孔子虽没有怀疑其存在的真实与否，却极少言及，"子不语怪、力、乱、神"（《论语·述而》），孔子对人事与民生的关注更甚于对鬼神的关注。"季路问事鬼神。子曰：'未能事人，焉能事鬼。''敢问死。'曰：'未知生，焉知死。'"（《论语·先进》）这也正是孔子将仁与礼相统一的具体展现。

孟子继承了孔子关于仁与礼相统一的思想，并将其发展成为仁义学说。孟子强调内在的道德情感而非外在的行为规范，他以"人性本善"为出发点，认为人之所以为人而异于禽兽，是因为人有道德，而动物没有。孟子认为人皆有"四德"，即仁、义、礼、智，这四种道德属性是人性本身所固有的，是人生命的有机组成部分。在四德之中，仁、义占主要地位，礼、智则从属于仁与义，"仁之实，事亲是也；义之实，从兄是也；智之实，知斯二者弗去是也；礼之实，饰文斯二者是也。"（《孟子·离娄上》）孟子说，仁实际上就是要侍奉父母，义实际上就是要顺从兄长，智实际上就是理解仁与义的真谛以后而不背离，而礼则是将仁、义有序不失礼地展现出来。仁、义成为礼的真实所在，礼就处于更加重要的位置。

荀子从人的的社会性来探讨礼的起源，突出强调了礼的外在约束性与规范性。"礼起于何也？曰，人生而有欲；欲而不得，则不能无求；求而无度量分界，则不能不争。争则乱，乱则穷。先王恶其乱也，故制礼义以分之，以养人之欲，给人之求，使欲必不穷乎物，物必不屈于欲，两者相持而长，是礼之所起也。"（《荀子·礼论》）荀子认为"人性本恶"，由此出发，人皆有欲，而人为满足不断扩张的欲望就必然在物上有所争。为了防止在实现欲望的过程中因物产生争斗，古时圣王就制定了礼义，为欲望与物做一界定，在人们欲望得到一定程度满足的同时，物也不会因欲望无节制而枯竭。欲望与物在相互节制中共同发展，这是礼产生的原因。

时至今日，礼的外在形式随着社会的发展也在发生着一些变化，譬如古时人们交往中常用到的跪拜、作揖等方式早已消失不见，转而改用鞠躬、握手等相对简单的交际方式，外在方式虽然改变了，但其中所蕴含的礼的精神实质并没有改变，所要表达的敬意仍在其中。作为人类的社会行为规范，礼不单单是古代社会的行为准则，也是任何时代都不可或缺的精神指引，正如钱穆先生所说："其实人生一切行事皆属礼。此一'礼'字，便把人生彻头彻尾，无大无小，无不归纳。"①

---

① 钱穆：《双溪独语·篇六》，《钱宾四先生全集》第47册，台北：联经出版公司，1998年，第113页。

八、廉：伤廉无取

十八大以来，党中央高度重视党风廉政建设和反腐败工作，反腐倡廉工作取得重大成就，各路贪官"老虎""苍蝇"纷纷落马，建设廉洁政治首次出现在党代会的报告中。那么，我们国家大力倡导的这个"廉"究竟是什么？

《仪礼·乡饮酒礼》是现存最早出现"廉"字的文献："设席于堂廉，东上。"这儿的"廉"与建筑有关。许慎在《说文解字》中解释："廉，仄也。从广，兼声。"段玉裁注："堂之边曰廉……堂边有隅、有棱，故曰廉。"可见，"廉"的最初含义是与建筑相关，具体指堂屋的侧边。由于其具有平直、有棱、方正的特点，便逐渐被引申为方正、刚直、清廉、俭约的道德品质。《说文解字注》："廉又引申为清也、俭也、严利也。"

廉与贪相对立，都具有与利益关联的特殊属性。原始社会母系氏族时期，生产力水平低下，生活物资匮乏，氏族成员必须共同劳动，平均分配，才能生存下去，因此不存在贪与廉的概念。进入父系氏族时期，生活物资有了积累，私有制逐渐产生，少数的权力拥有者开始损公肥私，中饱私囊。贪的现象出现以后，廉的观念随之产生。据《尚书》记载，尧舜时期所制定的"五刑"，其中就有一项是专为约束官员而设的"官刑"，是倡廉意识产生的萌芽。

《周礼·天官冢宰·小宰》中，廉首次作为一项道德规范出现在典籍之中："以听官府之六计，弊群吏之治。一曰廉善，二曰廉能，三曰廉敬，四曰廉正，五曰廉法，六曰廉辨。""听"指秉公办理政事，"弊"的意思是判断。就是说，考察官吏要从六个方面着手：一廉善，即善于治理政务，能赢得民众信任；二廉能，即有足够的才能去推行政令，落实各项法规；

三廉敬,即在岗位上能恪尽职守,尽职尽责;四廉正,即自身品行端正,正直公允;五廉法,即不徇私枉法,能够公正执法;六廉辨,即要有清晰的头脑,能明辨是非。"善、能、敬、正、法、辨"是廉吏所应具备的六种才能和德性,郑玄对此注曰:"既断以六事,又以廉为本。"(《周礼正义》)六项都须"以廉为本"。"六廉"也成为后世统治者考察、规范官吏的重要准则,北宋文豪苏东坡就曾作《六事廉为本赋》,其中写道:"事有六者,本归一焉,各以廉而为首,盖尚德以求全。"

　　春秋时期齐国大夫晏婴首次明确提出廉政思想。他明确指出,廉是为政的根本,"廉者,政之本也"(《晏子春秋·内篇·杂下第六》)。孔子讲:"政者,正也。"(《论语·颜渊》)"政",就是为政者公道清正,没有私心。一旦为政者心存私念,就会在执政过程中失于偏颇,就会以手中权力为己谋取不正当利益,这就是贪,就是不廉。齐景公向晏子请教廉洁而长久的做法,晏子回答道:"其行水也,美哉水乎清清,其浊无不雩途,其清无不洒除,是以长久矣。"(《晏子春秋·内篇·问下第四》)晏子以水为喻,告诉齐景公只有实行廉政,同时注意方式方法,统治才能长久。我们都听过"卧薪尝胆"的故事,讲的是越王勾践被吴王夫差打败之后,忍辱负重,励精图治,每晚睡草堆,品苦胆,时刻提醒自己不忘耻辱,最终成功复仇灭掉吴国。从越王勾践来看,这是一个发愤图强的故事,但从故事的另一主角——吴王夫差那里,我们有了另外一个解读,那就是"贪婪误国"。勾践被打败之后,让人给贪财的夫差和大臣伯嚭送去贿赂,请求议和。在充满诱惑的财宝面前,夫差不能以廉自律,加之伯嚭的撺掇,吴王不顾忠臣伍子胥劝告,同意了越国的请求,最终养虎贻患,被勾践复仇灭国。

　　廉是面对利益时应有一个清清楚楚的辨别,不义之财不取。对财富、利益的向往和追求是每个人都有的正常欲望，但如何去得？哪些应得？就需要人们去清楚地辨别了，否则过度地放纵欲望，追逐利益，就会逐渐陷入贪婪的沼泽。《论语·里仁》篇中孔子就曾讲："富与贵，是人之所欲也，不以其道，得之不处也。贫与贱，是人之所恶也，不以其道，得之不去也。"富贵荣华是常人都向往的，但要得之有道，否则的话就无法长久。如何才是得之有道？在儒家看来，就是要符合义。"义者，宜也"（《礼记·中庸》），适宜的、合宜的利益才是正当的利益，否则就是不义之财，是不可取的。孔子说："富而可求也，虽执鞭之士，吾亦为之。"（《论语·述而》）富若可求，即便是执鞭驾车这种低贱的职业我也愿意去做。而那些违反道义的富贵，在我看来，就像天上的云彩一样缥缈，"不义而富且贵，于我如浮云"（《论语·述而》）。追逐不义之财就是贪，获取利益而不失道义，才可称之为廉，"故临大利而不易其义；可谓廉矣，廉，故不以贵富而忘其辱"。（《吕氏春秋·忠廉》）

孟子在合于义的基础之上，对"廉"作了进一步阐发，提出"伤廉无取"的辨别标准。他说："可以取，可以无取，取伤廉。"（《孟子·离娄下》）就是讲，在面对可取也可不取的利益时，那么就应坚定地选择不取，因为取的话就会伤害到自身廉洁的声誉。"伤廉无取"是孟子对财富利益是否当取的一个清清楚楚的辨别，他不否定正当利益的获得，因为那是人类本身的欲望和生存必须，但那种不劳而获的不义之财是绝不可取的。

《孟子·公孙丑下》篇中记载的一段孟子与弟子陈臻之间的对话，对孟子关于利益当取不当取的辨别准则作了形象解读。孟子周游列国回到故乡后，一天，弟子陈臻问孟子："先生之前在齐国的时候，齐王送您黄金百镒，您没有接受。到了宋国，宋君给您黄金七十镒，您却接受了。

再到薛地,薛君赠您五十镒黄金,您也接受了。如果说之前在齐国不接受馈赠是正确的,那么后来在宋、薛接受就应该是不对的。如果后来接受是正确的,那么之前不受就应该是错误的。这两种截然不同的态度之中,总有一种是错误的吧?"孟子却回答说:"两种都是正确的。"为什么呢? 孟子接着说:"在宋国的时候,我们要远行,而远行就应备好盘缠。所以当宋君说要馈赠我们一些黄金作为路费时,我们为什么不接受呢? 到了薛地时,因为路途凶险,需要防备,所以薛君说为防凶险,要送我们一些购买兵备的黄金,我们为什么不接受呢? 而齐国却不同,并未有任何原因。齐王无缘无故馈赠我们黄金,这无疑是在收买我。"最后,孟子说道:"焉有君子而可以货取乎? "哪儿有君子是可以被钱财所收买的呢? 无功不受禄,廉者不受嗟来之食。应得的财物受之无愧,不义之财坚决不取,"伤廉无取"的择取标准让孟子的大丈夫品格显露无疑,也为后世的廉洁思想树立了辨别准则。

中国传统文化有一个鲜明的特征,就是政治伦理化和伦理政治化相结合,这一点在廉思想上表现得更为突出。它一方面与政治紧密联系,是官员、政治的行为规范,是国家的治国理念;另一方面,它又是人们的德行操守,是个人的道德要求。它是规束为政者的道德准绳,"布衣、人臣之行,洁白清廉中绳"(《吕氏春秋·离俗》),也是人们提升自身操守的行为准则,"贪利者退而廉节者起"(《荀子·君道》)。从古到今,无论是作为中国古代为政思想的重要准则的"政之廉",还是作为中华传统伦理的重要德目的"德之廉",都受到历代人们的认同与称颂。不管什么年代,廉都将成为人们所应遵循的道德法则,都会成为社会前行不可或缺的道德保障。

九、耻：闻过自愧

我们通常在形容一个人道德十分败坏时，会说他"无耻"。这个"耻"究竟是什么？

"耻"，古时写作"恥"，《说文解字》释为："辱也。从耳，心声。"明代的《六书总要》更进一步解释道："恥，从心耳，会意，取闻过自愧之意。凡人心惭，则耳热面赤，是其验也。"可见，"耻"从词源学上理解是指一种羞愧、屈辱的情感状态。"闻过自愧"，这种情感通常是在自身行为、思想发生偏差后，被动或主动反思、省察的一种内在反应。这种内在情感的产生，可以反过来促使人们自觉规范、纠正自己的言行举止，成为人们达成道德自律的一种重要方式。从这个意义上讲，耻是一种可以使人们"自觉回护着'善'并自觉疏离'恶'"[1]的道德情感。

耻作为一种道德标示，在商代就已出现，《礼记·表记》中记载："殷人尊神……其民之敝，荡而不清，胜而无耻。"表达了生活在商朝的人们对粗野方式的不齿。到了周朝，耻的含义更确切地指向了人际伦理，人的廉耻就成了当时的德性标准。

孔子继承了商周时期的耻的思想，并对其作了进一步发挥，《论语》中关于耻的章节俯拾皆是。"信近于义，言可复也；恭近于礼，远耻辱也；因不失其亲，亦可宗也"。(《论语·学而》)合于礼度的恭敬，才能使自己免于羞辱。"道之以政，齐之以刑，民免而无耻。道之以德，齐之以礼，有耻且格"。(《论语·为政》)治理民众只靠法治，人民可能因惧怕而不敢作乱，却不会有羞耻之心。如果以道德教化，用礼来规范，人民就能有羞耻之心而自觉改过了。"士志于道，而耻恶衣恶食者，未足与议也"。(《论

---

① 贡华南："孔孟的'向耻而在'与'成人之道'"，载《齐鲁学刊》，1999年第1期。

语·里仁》)士人以追求真理为目标,若他为自己穿破衣、吃粗食而感到
羞耻,就不值一谈了。"敏而好学,不耻下问"。(《论语·公冶长》)贤者孔
文子勤勉好学,不以向地位不如他的人请教为耻。

孔子侧重于阐述人们的外在行为之耻。他对人们言行不一之耻有
过十分详细的描述,他说:"巧言、令色、足恭,左丘明耻之,丘亦耻之;匿
怨而友其人,左丘明耻之,丘亦耻之。"(《论语·公冶长》)花言巧语、伪
善的容貌、对人越过礼度的恭敬是可耻的,心有怨恨却装作友好的样子,
也是可耻的。人与人之间的交往应该正直、坦诚、以礼相待,不能口是心
非、表里不一。

孟子是孔子思想的继承和发扬者,他对孔子耻的思想作了进一步的
阐释。他说:"耻之于人大矣! 为机变之巧者,无所用耻焉。"有羞耻之
心对于一个人是非常重要的,奸诈之人是没有羞耻心的。"人不可以无
耻。无耻之耻,无耻矣"。(《孟子·尽心上》)人不可以没有羞耻心,不知
羞耻是一个人最大的羞耻,那才是真正的无耻。孔子把耻视为对外在行
为的要求,而孟子则把耻之"羞恶之心"看作是人生而有之的内在品质,
是为人之为人的道德依据,"羞恶之心,人皆有之"(《孟子·告子上》),
"无羞恶之心,非人也"(《孟子·公孙丑上》)。

耻是内心的一种情感,一方面它会让受辱之人产生尴尬的羞耻之
心,另一方面也会使受辱之人切切实实地觉悟,会努力去改变现状,避免
再次遭遇羞辱。这一心理"不仅仅表现为主体内在情感的动荡不安,它
同时又会唤醒不甘沉沦的自我,促使自我对人格结构进行调整与重构,
防范自我再度沦入'耻'之境地"①。从这个方面看,知耻可看作一条人
生道德的防线,在对自身错误的思想、行为产生反省的同时,也能促使自

①　贡华南:"孔孟的'向耻而在'与'成人之道'",载《齐鲁学刊》,1999年第1期。

身追逐和寻求理想的人格。孟子说："不耻不若人，何若人有？"（《孟子·尽心上》）不把不如别人看作是羞耻，又怎么可能赶上他人呢？行己有耻，清人石成金曾讲："耻之一字，乃人生第一要事。如知耻，则洁身励行，思学正人之所为，皆光明正大，凡污贱淫恶，不肖下流之事，决不肯为；如不知耻，则事事反是。"（《传家宝》）是否知耻关乎一个人道德品行的养成与否，是自律思想产生的重要促成。

知耻而后勇，在孔子看来，知耻既是德性的起点，也是德性的最高体现。"好学近乎知，力行近乎仁，知耻近乎勇"。（《礼记·中庸》）知耻的作用不仅仅在于成就道德，也是治国安邦的重要之举。人知耻而后才能向善，才能自觉地去修养身心、端正行为，才能维护社会秩序的稳定、实现国家的长治久安。上一节所提及的，春秋时期吴越争霸，越王勾践被吴王夫差困于会稽（今浙江绍兴市），只能委屈求和，为夫差喂马两年才得以脱身。回国后勾践夜夜睡柴草，品苦胆，时时提醒自己与众人莫忘会稽之耻。他忍辱负重，励精图治，最终打败吴国，成功复仇。"卧薪尝胆"成为历史上知耻而后勇的最著名的典故。

朱熹说："人有耻，则能有所不为。"（《朱子语类》）在孔子看来，耻既是对个体道德的一种自律和规范，也是对君子士大夫阶层的一个特殊要求。"宪问耻。子曰：'邦有道，谷；邦无道，谷，耻也。'"（《论语·宪问》）"邦有道，贫且贱焉，耻也；邦无道，富且贵焉，耻也。'"（《论语·泰伯》）孔子指出，国家兴，如果个人贫穷，是种耻辱；国家衰，个人却十分富有，更是一种耻辱。个人荣辱与国家兴衰相联系，这是士大夫应有的社会担当，也是社会和谐不可或缺的君子品格。

第五章　儒家文化与中国人的处世方法

作为一门积极入世的哲学,儒学首重安身立命之道,"极高明而道中庸"是对儒学最精准的诠释。在这一中国人安身立命的理论基石之中,既有"忠恕之道"的行仁之方,也有"和而不同"的共存之道,还有"中庸之道"的处世之法。这些中华民族智慧的结晶,不管是在为人处世方面,还是在国事交往之间,时至今日,依然具有很强的现实指导意义。

一、忠恕之道

1.尽己为人,推己及人

一天,孔子在教习弟子时对曾参说:"参乎,吾道一以贯之。"曾参回答说:"唯。"孔子走后,学生不解,就问曾参其中的意思。曾参说:"夫子之道,忠恕而已矣。"(《论语·里仁》)这个在曾参眼中能贯孔子之道的"忠恕"究竟是什么?

关于忠,前面已有论述。"尽心曰忠","忠"字从心,指的是在与人交往中,能够让自己的内心真实情感与外在行为一致不违。从字面上看,"中心为忠",忠是心要中正,反映在待人接物的人际交往中,就是要对人对己一心不二,对人如同对己一样能竭尽全力。简单地讲,忠就是尽己为人。关于"尽己为人",冯友兰先生曾有过一段十分明确的论述,他说:"怎么样才算是尽己为人呢? 为人做事,必须如为自己做事一样,方可算是尽己为人。人为他自己做事,没有不尽心竭力底。他若为别人做事,亦如为他自己做事一样地尽心竭力,他愿意把自己的一种事做到怎样,他为别人做一种事亦做到怎样,这便是尽己为人。"①

关于恕,从字面上看,"恕"字上如下心,唐代经学家孔颖达疏为:"如心为恕,谓之其己心也。"(《十三经注疏》)别人之心如同自己之心,自己心有所欲,想别人可能也有所欲,自己心有所恶,想别人可能也有所恶,将己心所想推及别人所想,这就是恕。世界上人们千差万别,人与人之间有相貌、气质、性格等各种不同,每个人都有自己的特殊点,这是个性,但同时作为一个类群体,人类又有相同之处,这是共性。承认个体之间的差异性,更要看到人类之间的共同性。好比孟子所讲,人们的口对于味道,耳对于声音,眼对于容色,都有对美好向往的共同性,那么心呢? "独无所同然乎? 心之所同然者何也? "心就没有相同之处了吗? 如果有,是什么? 孟子接下来解答道:"谓理也,义也。"(《孟子·告子上》)人心所共同向往的是理和义,理和义使人心愉悦而向往,就如同猪羊肉合于口的需求一样。人同此心,心同此理,人人都向往美好,厌恶丑恶,把这一人心的共同性应用到自己与他人的交往之中,推己及人,这就是恕。

孔子对恕格外地重视。其道一以贯之的究竟是不是忠恕? 孔子自己并没有言明,那只是曾参的解读,但恕"可以终身行之"却是孔子亲口所说的。《论语·卫灵公》篇中,子贡向孔子请教:"有一言而可以终身行之者乎? "有什么是可以终身奉行的吗? 孔子十分明确地回答道:"其恕乎? 己所不欲,勿施于人。"那就是恕啦,自己不想要的,就不要把它强

---

① 冯友兰:《新世训》,《三松堂全集》第五卷,北京:中华书局,2014年,第433页。

施给别人。

对于忠恕,朱熹释之为:"尽己之谓忠,推己之谓恕。"(《四书章句集注》)尽己强调的是行为主体尽心为人的道德自觉,推己强调的则是从己出发,揣度他人的道德判断。从这个角度而言,忠恕都是从"人同此心"出发,通过己心的判断、衡量,再取利舍弊施于他人,这中间既有积极的"己欲立而立人,己欲达而达人",也有消极的"己所不欲,勿施于人"。这一由己到人、由内到外的道德行径,最终是为实现人际间的关爱,而其所展现出的,正是儒家一直所倡导的仁爱精神,正如冯友兰先生所说,"忠恕是实行道德的方法"①。《论语·雍也》篇中,孔子说:"夫仁者,己欲立而立人,己欲达而达人。能近取譬,可谓仁之方也已。"从自身出发,推己及人,就是达成仁的方法了。在钱穆先生看来,忠恕之道就是仁道,"忠恕之道即仁道,其道实一本之于我心,而可贯通之于万人之心,乃至万世以下人之心者"②。仁是儒家的至高之德,忠恕则是将仁由看似高不可及的道德境界带回到人人可为的践行阶梯,是仁的现实演化和推行途径。

2.反求诸己

现实生活中,人与人肯定是不尽相同的,不管是家人之间,还是邻里之间,难免会有分歧,这时候就会有矛盾或者争执出现。当这种矛盾出现的时候,我们该如何处置呢? 是从自身寻找原因,还是一味去追究别人的过错呢? 传统儒家强调,"君子有诸己,而后求诸人;无诸己,而后非诸己"(《礼记·大学》),在道德束律上,先己后人。"正己而不求于人",要做到"上不怨天,下不尤人"(《礼记·中庸》)。孔子说:"躬自厚而薄责

---

① 冯友兰:《新世训》,《三松堂全集》第五卷,北京:中华书局, 2014年,第433页。
② 钱穆:《论语新解》,北京:生活·读书·新知三联书店, 2002年,第98页。

于人,则远怨矣。"(《论语·卫灵公》)他将"君子求诸己,小人求诸人"(《论语·卫灵公》)作为衡量君子、小人的标准。在分歧出现的时候,孔子明确地告诉我们,应先从自身去反省,而不是去"怨天""尤人"。

从道德修养的角度来看,传统儒学可视为为己之学,"古之学者为己,今之学者为人"(《论语·宪问》)。这里的"为己""为人"与今意截然不同,程子释为:"为己,欲得之于己也;为人,欲见知于人也。"(《朱子集注》)今天我们所说的"为己""为人"是从谋取利益的角度出发而言,而孔子所说"为己"是从修身出发,旨在充实自己,提高自身德行修养。"为人"则是做给别人看,意在哗众取宠,沽名钓誉。《礼记·大学》说:"自天子以至于庶民,壹是皆以修身为本。"君子是儒家学说中所推崇的理想人格,而修身在儒家看来,是成为君子的必由途径。诚如杨国荣在其《善的历程:儒家价值体系研究》一书中所说:"如果说'为己'主要从道德涵养的目标上肯定了自我的价值,那么,'求诸己'则从道德实践及德性培养的方式上,确认了自我的能力及价值,二者从不同的方面表现了对个体(自我)的注重。"儒家强调修身由己,《论语》中这类反躬自身的句子比比皆是,如"不患人之不己知,患其不能也"(《论语·宪问》);"不患无位,患所以立;不患莫己知,求为可知也"(《论语·里仁》);"君子病无能焉,不病人之不己知也"(《论语·卫灵公》),等等。

孟子发展了孔子的这一思想,明确提出"反求诸己"的修己观念。"反求诸己"在《孟子》中凡二见,一见《公孙丑上》,一见《离娄上》。"反",许慎《说文解字》中注:"反,覆也。"颜师古说:"反,谓之回还也。"可见,"反求诸己",就是教人遇事要返还己身,先从自身找寻症结所在,"不怨天,不尤人"。

"君子所以异于人者,以其存心也。君子以仁存心,以礼存心。仁者爱人,有礼者敬之。爱人者,人恒爱之;敬人者,人恒敬之"。(《孟子·离娄下》)孟子认为,君子以仁和礼存心,待人以仁、以礼,那么别人自然也会爱之、敬之。如果不然呢?我待人以仁,却得不到善意回应;待人以礼,却没有换来以礼相报。孟子接着又说:"有人于此,其待我以横逆,则君子必自反也:我必不仁也,必无礼也,此物奚宜至哉?其自反而仁矣,自反而有礼矣,其横逆由是也,君子必自反也,我必不忠。"(《孟子·离娄下》)"横逆",就是蛮横粗暴之意。别人待我蛮横粗暴,那么君子首先就会反思自己,有没有以仁相待,有没有以礼相待?如果仍是蛮横,君子就会再次自省,我有没有尽心竭力地待之以仁,待之以礼?孟子总结说:"爱人不亲,反其仁;治人不治,反其智;礼人不答,反其敬。行有不得者皆反求诸己,其身正而天下归之。"(《孟子·离娄上》)爱护别人,别人却不亲近于我,这时就要反躬自省是不是自己仁德不够;管治别人却没有治理好,就要反躬自省是不是自己才智不够;待人以礼却没有得到回应,就要反躬自省是不是自己恭敬不够。所行所为没有达到预期效果,都要反躬自省,是不是自己还有哪些做得不够。

传统儒家常以射箭来喻修身,如孔子说:"射有似乎君子。失诸正鹄,反求诸其身。"(《礼记·中庸》)孟子由此延伸,以射喻仁,"仁者如射:射者正己而后发,发而不中,不怨胜己者,反求诸己而已矣"。(《孟子·公孙丑上》)射箭必须要先正心,心正身直然后才能射出,然而箭未中标靶,君子不会去埋怨对手,而是会先从自身查找不中的原因。东汉赵岐在《孟子注疏》中对此章解释说:"以其射者,必待先正其身,己正然后而发射之也。盖君子以仁存心,其爱人则人当爱之,犹之正己而后发也。有人于此待我以横逆,犹之发而不中也。自反而不以责诸人,犹之不怨胜己者,反求诸己而已矣。""反求诸己"是君子修身所持的根本原则和基本态度,事情不顺利,遇到挫折和困难,要先从自身找原因,如程子所说:"君子之遇艰阻,必反求诸己,而益自修。"(《二程全书·伊川易品三》)

从另一个角度而言,反求诸己就是严以律己,宽以待人。孔子说:"躬自厚而薄责于人,则远怨矣。"(《论语·卫灵公》)人与人之间产生矛盾时,要求责于自己,而不是从对方身上挑毛病、找借口,这样就能远离怨恨,人际关系也就趋于和谐了。朱子《论语集注》说:"责己厚,故身益修;责人薄,故人易从。所以人不得怨之。"责己厚,责人薄,本身就是一个道德提升、修身养性的途径。孔子所说的"恕",也就是"己所不欲,勿施于人"(《论语·卫灵公》),不以己之所恶加诸他人,"我不欲人之加诸我也,吾亦欲无加诸人"(《论语·公冶长》),推己及人,这就是强调个人道德自觉意识,鼓励人们为创建和谐氛围而增强道德自律,造就君子人格。人们常说:"小人无错,君子常过。"这看似矛盾颠倒的两句话,实则包含了儒家推崇的反己修身的君子之风。因为遇事以后,小人从不会认为自己有过错,第一反应是寻他人之过,而君子恰恰相反,总会先从自身找原因,因此看起来常有过错。《礼记·坊记》说:"君子贵人而贱己,先人而后己。"凡事看重别人,先去顾及别人的感受,这样人们相互之间就能多些宽容与谅解,社会自然也就会温馨和谐。如果矛盾产生后,只盯着对方的不是,而不反躬自省,从自身寻找原因,结果只会增加怨恨,激化矛盾。各自责,天清地宁;各相责,天翻地覆。

3. 絜矩之道

"所谓平天下在治其国者,上老老而民兴孝;上长长而民兴弟;上恤孤而民不倍。是以君子有絜矩之道也。"(《大学》)这里讲的是一个如何治理国家从而平定天下的方式方法：为政者如果尊敬老人，那么百姓就会受到感染从而孝敬父母；为政者如果尊重长辈，百姓就会珍惜兄弟之谊；为政者能够体恤孤寡，百姓自然不会背弃他。所以有道德、有智慧的为政者会恪守絜矩之道。

这个为政者需恪守的"絜矩之道"究竟是什么？《大学》里面接着讲道："所恶于上，毋以使下；所恶于下，毋以事上；所恶于前，毋以先后；所恶于后，毋以从前；所恶于右，毋以交于左；所恶于左，毋以交于右，此之谓絜矩之道。"厌恶上级对待自己无礼的态度，将心比心，就不应再用这种无礼的态度去对待下级；厌恶下级不能忠于职守，在面对上级时就不应再如此；厌恶前、后、右、左对待自己的行为，就不应再用这种行为去对待后、前、左、右，这就是絜矩之道。关于"絜""矩"两字，朱熹的解释是"絜，度也。矩，所以为方也"（《四书章句集注》），"絜"是度量，本义是指用绳子丈量圆形物体的尺寸，"矩"是画直角与方形的工具，絜矩之道就是使"上下四旁均齐方正"的处世法则。朱熹在《朱子语类》中进一步举例说，人人都有在我上位者，也有在我下位者。从家的角度而言，对于一个普通人，父母在我之上，儿孙在我之下。我希望儿孙孝敬我，我却不去孝敬父母；希望父母待自己以慈，自己却不能以慈待儿孙，严于律人却宽以待己，待人与待己标准不一，这就不是絜矩。从为政角度而言，对于一国的诸侯，天子在我之上，大夫在我之下，如果天子制定的法规干扰到我，使我不能在国内倡行孝悌之道，那么我就应当觉察反省，以便自己在制定国内法规时，不至扰乱到下面的大夫使其不能行孝悌之道，这就是絜矩之道。

一方面，絜矩之道是君子之道，是儒家对治国理政者提出的道德要求。儒家所言的"君子"，除了古代原有的居上位的政治身份之外，往往还被赋予了极高的道德要求,是儒家理想人格的社会展现。因此,君子对于社会而言,不仅仅是行政方面的统治者,更是道德方面的引领者。《论语·颜渊》篇中讲"君子之德风,小人之德草。草上之风,必偃",君子的德行好比是风,平民的德行好比是草,风吹过来,草必然会倒,风朝哪吹,草就会往哪倒,上行下效,君子的德行直接影响着民众的道德素养。絜矩之道首先从居上位的为政者着手,强调其应行忠恕之道,以身作则,做好垂范,通过自身的表率引导社会道德的形成与完善。

另一方面,絜矩之道是个人处理人际关系的重要规范。"君子必当因其所同,推以度物,使彼我之间各得分愿"(《四书章句集注》),趋利避害之心是人人所共有的,认清这一点是正确处理人际关系的重要前提。絜矩之道从"人心之所同"出发,"以己之心度人之心",不以己心强加于人,推己及人,最终在他人与自我之间实现关系的均衡。

针对忠恕之道,朱熹提出了絜矩之道"三折说"。他指出,"己欲立而立人,己欲达而达人"所论及的是以己待人,也就是彼、我两个行动主体之间的人际关系,是"两折说",而絜矩之道是"上之人所以待己,己又以待人",也就是"他—己—他"三个行动主体之间的人际关系,是"三折说"。在絜矩之道中,"己"有着十分关键的作用,一方面要做到以己度人,"推己""尽己",要合于忠恕之道;另一方面如果一端给予我的是不好的、负面的影响,就需要发挥"己"的主观能动性,判断、纠正错误的做法,而把好的、正面的影响施于另一端,就如上面所举诸侯的例子,"所谓絜矩者,如以诸侯言之,上有天子,下有大夫。天子扰我,使我不得行其孝悌,我亦当察此,不可有以扰其大夫,使大夫不得行其孝悌"。(《朱子语类》)从这一点来看,絜矩之道是忠恕之道在为政方面的实际应用,更是对这一思想的继承和发展。

二、和而不同

1. 和为贵

20世纪20年代，英国著名哲学家罗素在他的《中国问题》一书中写道："中国至高无上的伦理品质中的一些东西，现代世界极为需要。这些品质中我认为和气是第一位的……若能够被全世界采纳，地球上肯定会比现在有更多的欢乐祥和。"罗素说的就是中华传统文化的核心理念之一："和"。

"和"字早在西周早期的金文中就已出现，初始的意思是指音乐上的协调或是饮食上的调和。因为"和"字蕴含了多种事物的协调统一，后来寓意由饮食、音乐扩展至自然、政治以及人际关系，逐渐演化成为人们对美好状态的一种向往与认可。如《尚书》中"百姓昭明，协和万邦"（《尧典》），"庶政惟和，万国咸宁"（《周官》），"八音克谐，无相夺伦，神人以和"（《舜典》），这里就是国家、政事乃至人与神之间和谐相处状态的展现。"万物并育而不相害，道并行而不相悖"（《礼记·中庸》），和不是单一事物的简单叠加，而是在尊重事物多样性的前提下，不同事物、不同元素协调一致、融洽共存的一种状态，反映在人与人之间就是人们之间的和谐共处。《经籍纂诂》释为："和，谐也。"这里的"和"解释为人与人之间关系和谐、和睦。

以德为据的儒家将和视为最高的价值追求。孔子的弟子有若说："礼之用，和为贵。先王之道，斯为美。"（《论语·学而》）"贵"是一种价值衡量标准，"和为贵"体现了儒家将和视为礼的最高价值追求。"斯为美"，一个"美"字也代表了和在为政方面举足轻重的地位。在"天时""地利""人和"三者之间，孟子毫不犹豫地将"人和"摆在首位，他说："天时不如地利，地利不如人和。三里之城，七里之郭，环而攻之而不胜。夫环而攻之，必有得天时者矣；然而不胜者，是天时不如地利也。城非不高也，池非不深也，兵革非不坚利也，米粟非不多也，委而去之，是地利不如人和也。故曰：域民不以封疆之界，固国不以山溪之险，威天下不以兵革之力。得道者多助，失道者寡助。寡助之至，亲戚畔之；多助之至，天下顺之。"（《孟子·公孙丑下》）在孟子看来，社会群体的和谐高于一切，"人和"才是"王"之根本，为政者与百姓相处和谐，人心上下团结一致，最终就能"多助之至，天下顺之"。荀子将"和"视为万物生长之根本，"万物各得其和以生"（《荀子·天论》），万物只有在高度和谐统一中才能获得最佳的生存状态和发展方式，这是亘古不变的真理。

和是不同事物、不同因素协调统一存在的状态，是事物的多元化统一。众多因素要达到协调统一，就要求作为组成部分的各个因素要"各得其所"，也就是儒家所强调的"位"。作为整体的组成部分之一，各种因素要处于自己应处的位置，"各得其所""各安其位"，相辅相成，这样才能共同组成一种均衡、稳定的状态，也就是和。程子说："位者，所出之分也。万事各有其所，得其所则止而安。""万物庶事莫不各有其所，得其所则安，失其所则悖。圣人所以能使天下顺治，非能为物作则也，唯止于各于其所而已。"（《二程集·周易程氏传卷第四》）程子认为，"得其所"才是"安"的缘由，才是"天下顺治"的根本。《周易》对"位"也是格外重视，"天尊地卑，乾坤定矣；卑高以陈，贵贱位矣"（《易·系辞》）；孔子讲，"君君，臣臣，父父，子子"（《论语·颜渊》），"不在其位，不谋其政"（《论语·宪问》）；曾子讲，"君子思不出其位"（《论语·宪问》），这些都是对"位"的强调。只有作为整体一部分的各个因素，认清角色，找准位置，"得其所"，"安其位"，各个部分才能得以和谐共存，从而整体也才能得以顺利发展。

有子以"贵"、以"美"形容和后，接着又说："小大由之。有所不行，知和而和，不以礼节之，亦不可行也。"（《论语·学而》）对此，钱穆先生认为：

"节,限别义。如竹节,虽一气相通,而上下有别。父子夫妇,至为亲密,然双方亦必有别,有节限,始得相与成和。专一用和,而无礼以为之节,则亦不可行。"①礼该如何节? 各因素又如何"各得其所"? 对此,儒家提出了"中和"的概念。"致中和,天地位焉,万物育焉"。只要做到"中和",天地各安其位,万物就会有序生长。对于"中"与"和",《礼记·中庸》解释为:"喜怒哀乐之未发,谓之中;发而皆中节,谓之和。中也者,天下之大本也;和也者,天下之达道也。"喜怒哀乐等情绪未迸发时,人处于的一种理性中正的状态,称之为"中",生发以后所行之事合乎中、合乎礼节,称之为"和"。"中和"也就是儒家所倡导的核心道德标准——"中庸","不偏之谓中","不易之谓庸",无过无不及。孔子对"中庸之道"推崇备至,他说:"君子之中庸也,君子而时中,小人之反中庸也,小人而无忌惮也。"(《礼记·中庸》)"中庸之为德,其至矣乎! 民鲜能久矣。"(《论语·雍也》)作为不变之定理,中是和的前提,同时也是行事中衡量是否达到和的标准,如程子所说:"使万物无一失所者,斯天理,中而已。"(《二程集》)譬如晏婴曾举过做汤、奏乐的例子。厨师做汤时将主料、辅料放入锅中,各种调味的搭配多一分不可,少一分也不行,只有恰如其分,同时又把握好火候,才能做出一锅让人满意的汤,这就是中,就是和谐。再如奏乐,各类乐器共同演奏,根据乐曲,每种乐器在不同阶段都要有不同表现,清、浊、疾、徐、小、大、短、长,相互配合,才能共同演奏出一曲美妙的音乐,这叫作中,谓之和谐。(参见本书第132页)遵循以和为贵,崇尚中庸之道的"贵和尚中"的道德理念已成为了中华民族传统文化的基本精神,也是实现人际间和睦相处的万全法则。中华传统文化中"和为贵"的重要价值理念,不仅反映出人们对和谐人际关系的向往与追求,而且对当前我国社会主义和谐社会构建,具有十分重要的指导意义。

① 钱穆:《论语新解》(新校本),北京:九州出版社,2013年,第15页。

2.和而不同

"同"是与"和"字面意思颇为相近的一个字,但反映在人际交往中,两字的意义却截然不同。冯友兰先生曾就和、同之分作过论述:"在中国古典哲学中'和'与'同'不一样,'同'不能容'异';'和'不但能容'异',而且必须有'异',才能称其为'和'……客观辩证法的两个对立面统一的局面,就是一个'和'。两个对立面矛盾斗争,当然不是'同',而是'异';但却同出于一个统一体中,这又是'和'。"①"同"是相同事物叠加,"和"则是不同事物,乃至对立事物的和谐统一。

"和同之辨"最早源于春秋时期的史伯,"夫和实生物,同则不继。以他平他谓之和,故能丰长而物归之。若以同裨同,尽乃弃矣"。(《国语·郑语》)和,就是事物的多样性统一,是不同事物重合且相互得以均衡,从而催生万物;同,则否定了事物差异性,只是相同事物的简单叠加,这样事物将会难以为继,最终走向灭亡。"和实生物"从宇宙观出发,阐明了和是万物生成所应遵循的基本前提和必要原则,有和才有万物,正因为和在万物生成中的重要性与不可替代性,所以从宇宙观反射到政治、生活当中,就当"和为贵"。

春秋末期的晏婴以"做汤"与"奏乐"为例,通过打比方对"和"与"同"的区别给予了更直观的解释,让我们更加容易理解两者之间的区别。《左传·昭公二十年》记载,一天,齐景公问道:和、同可有区别?晏婴回答,两者是相异的。并举例说,好比做汤,厨师将水置于火上,然后放入主料、辅料,按照合适的比例加以恰当地调制、烹饪,调料的多少、火候的掌控都需达到一种和谐的状态,最后才能做出一锅好汤。再如乐曲演奏,多种乐器相互配合,声音有洪亮有低沉,节奏有疾有缓,各音节配合一致,才能奏出美妙的乐章,这就是和。同则是"以水济水","琴瑟之专一",如果做汤时只是烧一

---

① 　冯友兰:《中国现代哲学史》,广州:广东人民出版社,1999年,第253页。

锅水,而不添加其他佐料,只是反复添水,最后做出来的能叫作汤吗?"谁能食之"? 演奏时琴瑟从头到尾只有一个音调,一个节奏,那演奏出来的能叫作音乐吗?"谁能听之"? 这就是史伯所说的"同则不继"。

《尚书》中曾提出一个"维齐非齐"的概念,阐明承认事物的多样性与差异性是做到真正"齐"的客观前提,而这也正是和区别于同的一个重要特征。只有明确这一客观存在,才能平衡不同因素之间的矛盾对立,最终做到多样因素的和谐统一,也就是和。否认这一客观存在,将单一性作为事物的唯一特征,甚至为求所谓的一致而牵强附会,结果只会适得其反,也就是所说的同。

道家讲"道法自然",对和的重视不言而喻。老子讲:"万物负阴而抱阳,冲气以为和。""知和曰常,知常曰明。"老子认为万物都有阴阳两面,阴阳交互作用达到和谐的状态,和可谓世间万物生长存在的必然前提,人们应该明白平衡和谐为贵的道理,但老子模糊了和、同的差异,在他这里,和、同是可相互替代的,"塞其兑,闭其门,挫其锐,解其分,和其光,同其尘,是谓玄同"。(《道德经·第五十六章》)"和光同尘"就是不加区分地予以混合。在这一点上,讲究积极入世,以修身为己任的儒家显然要进步和高明得多。

孔子曾鲜明地表达了对和、同不一样的立场,并将其作为区分君子与小人的重要标准,"君子和而不同,小人同而不和"(《论语·子路》)。杨伯峻先生译为:"君子用自己的正确意见来纠正别人的错误意见,使一切都做到恰到好处,却不肯盲从附和。小人只是盲从附和,却不肯表示自己的不同意见。"[1]这一点反映在为政上,就是晏婴所举的君臣之例。在以做汤、奏乐打比方后,晏婴继续说:"君所谓可而有否焉,臣献其否以成其可;君所谓否而有可焉,臣献其可以去其否。"(《左传·昭公二十年》)国君认为可的,如果

---

① 杨伯峻:《论语译注》,北京,中华书局,2013年,第159页。

里面有错的因素,作臣子的就应指出其中的错误而最终完善国君的可;国君认为不可的,如果里面有对的因素,臣子就应指出对的方面来纠正国君错误的认识。不因君臣之分而盲目附和,这是和。反之,"君所谓可,据亦曰可;君所谓否,据亦曰否",也就是说,国君认为可以,臣子就说可;国君认为不可,臣子就说不可,国君怎么说,臣子就怎么附和,不管对错,毫无原则,这就是同。这是和与同在为政方面的例子,反映到现实中人际关系的处理上也是一样。孔子说:"君子易事而难说也。说之不以道,不说也。及其使人也,器之。小人难事而易说也。说之虽不以道,说也。及其使人也,求备焉。"(《论语·子路》)君子求和以道,但小人求和往往是为求全责备而丧失原则。现实中确有这么一种"老好人",看似忠厚老实,跟谁都唯唯诺诺,各处讨好,八面玲珑,"好好先生"的背后,却是言行不一,趋炎媚俗,毫无道德原则,这种人被称为"乡愿"("愿"通"原")。孔子对这种人是十分厌恶的,他称之为,"乡原,德之贼也"。(《论语·阳货》)孟子对其释为,"非之无举也,刺之无刺也,同乎流俗,合乎污世,居之似忠信,行之似廉洁,众皆乐之,自以为是,而不可与入尧舜之道,故曰德之贼也"。(《孟子·尽心下》)这种不分是非,"乡人皆好之"的行为,就是同。它看似表面一团和气,实则走向了和的另一端,完全违背了和的初衷。

3. 道并行而不悖

我们前面讲,"礼之用,和为贵",是指和作为最高价值追求,是礼的目的和功用所在。和是各种事物、因素相互作用、均衡共存的一种状态,是不同事物的多元化统一,而非单一事物的简单叠加。承认事物的差异性是达成和的前提条件。

和做到极致就是太和。"太和"一词语出《易传》:"干道变化,各正性命,保合太和,乃利贞。"(《彖传》)程颐释为:"天地之道,长久而不已者,保合太和也。"(《伊川易传·干·彖》)在儒家看来,太和是世间万物和谐并育的最高境界,是矛盾双方处于一种最佳和谐、统一的关系和状态,在这一境界之中,天地万物共生共荣,长久不息。《易传》一书主要讲述宇宙万物产生的根源及其变化规律,以及将天道赋予人道的意义,人道又循于天道,也就是儒家所讲的"天人合一"。在儒家看来,天地自有的调和力可以使世间万物相生相融,和谐并育,人道亦是如此,不同事物可以做到共存而不相冲突,"万物并育而不相害,道并行而不悖"(《礼记·中庸》),多样性与差异性既是世间万物的特性,也是万物存在与发展的必要条件。

针对天地万物的这一特性,张载提出了"仇必和而解"的辩证观点。他在《正蒙·太和》篇中说:"有象斯有对,对必反其为;有反斯有仇,仇必和而解。""象"就是世间万物。张载首先肯定了事物差异性与矛盾性的存在,指出一切事物都有矛盾对立的两方面,对立必然导致矛盾的产生,而和,一方面是解决对立双方矛盾的手段与方法,另一方面也是对立双方最终的归宿与必然。"仇必和而解",对立双方在和的作用之下必将形成一个新的矛盾统一体,和谐共存,并行不悖。

党的十六届六中全会提出了构建社会主义和谐社会的目标和主要任务。什么是和谐?《左传·襄公十一年》说:"八年之中,九合诸侯,如乐之合,无所不谐。""和"与"谐"都是对美好社会的描绘,政治清平、社会和谐自古以来就是中国人民的不懈追求,"和谐社会"就是儒家所描绘的"太和"景象。人是社会构成的基本单位,在荀子看来,"能群"是人别于动物尤胜于动物的地方,而"分"则是人"能群"的前提条件。人与人之间的个体差异决定了分歧存在的必然,处理好人际关系的分歧与矛盾,成为了社会稳定与发展的决定性因素。因此,荀子继续讲:"和则一,一则多力,多力则强,强则胜物。"(《荀子·王制》)人们做到与自身、与他人、与社会的和谐统一,就能战胜外界的阻碍,使人类自身得以生存、发展,实现政通人和、和谐盛世的太和景象。

"天人合一"是儒家哲学的一个根本性观点,正如庞朴先生所说:"中国文化不仅不把人从人际关系中孤立出来,而且也不把人同自然对立起来……天中有人,人中有天,主客互溶的天人合一的思想,构成了中国文化的显著特色。"①因此,儒家在谈到"太和"境界时,除了人与自身、与他人、与社会之间的人际和谐,也包含了人与自然的和谐共存。"民胞物与"是张载提出的一个万物同根的思想主张,他把宇宙比作一个家庭:"乾称父,坤称母;予兹藐焉,乃混然中处。故天地之塞,吾其体;天地之帅,吾其性。民吾同胞,物吾与也。"(《西铭》)乾坤就是天地,是人与万物的共生父母,天地之气聚合而成人与万物,人性也依天地之性所成就。如此,世间民众都是我的兄弟姐妹,天地万物便是我的同伴。人与自然相生相依,从天人合一的概念来看,人是自然的一分子,而从"为我所用"的角度出发,人类又是自然的使用者。顺应自然规律,合理利用资源,不贪心,不破坏,人类就能与自然和谐相处,社会也会随之进步。反之,"焚林而田,竭泽而渔"(《淮南子·本经训》),必将受到大自然的警示与惩罚,人类也会随之面临巨大的危机与灾难。

三、中庸之道

1.什么是中庸
我们今天如果用"中庸"一词来评价一个人,通常就代表着一定层面

---

① 庞朴:"中国文化的人文精神(论纲)",载《光明日报》,1986年1月6日。

上的否定,形容被评价之人非常普通,没有什么突出能力或是特长。中庸被视为缺乏进取与自我封闭的消极概念,这其实是一种完全错误的解读,混淆了"中庸"与"平庸"的意义,将两者错误地划上了等号。

中庸实则是一种不偏不倚、无过无不及的衡量标准与处世态度,作为展现人类生存智慧的道德准则,其实很早就已经出现了。据传,上古时期,尧即将让位于舜时,曾谆谆叮咛舜治理国家时要"允执其中"(《论语·尧曰》)。及舜传位于大禹时,又对大禹说:"人心惟危,道心惟微。惟精惟一,允执厥中。"(《尚书·大禹谟》)人心诡测难易,道心精微难得,求真就要精纯专一,"允执厥中"就是需要诚恳地践行中正之道。"允执其中""允执厥中"就是尧舜圣王在执政中所秉持的中庸之道。周公继承尧舜这一执政纲领,提出折狱用刑时要做到"中正",倡导"中德"。

明确提出"中庸"一词,并把其作为最高道德准则的是孔子。《论语·雍也》篇中,孔子说:"中庸之为德也,其至矣乎!民鲜久矣。"中庸作为一种道德,是最高标准,而民众缺少这一优良品德已经很久了。孔子的孙子子思在其所作的《中庸》一书中说:"天下国家可均也,爵禄可辞也,白刃可蹈也,中庸不可能也。"可以治理天下,可以辞去官爵俸禄,甚至可以踩过锋利的刀刃,三件如此难的事情都可以做到,却做不到中庸。可见中庸被儒家视为一种至高而难以企及之道。

这个难以企及的中庸之道是什么?《中庸》开篇便言:"天命之谓性,率性之谓道,修道之谓教。道也者,不可须臾离也,可离非道也。"天所赋予人的就是人性,跟随本性去做就是道,圣人规范人之过与不及,使其都达到中,能够合于度,就是教化。所谓道,就是时刻在其中而不可偏离的,如果可以背离,那就不能称之为道了。对于这个"须臾不可离"的道,《中庸》进而解释道:"喜怒哀乐之未发谓之中,发而皆中节谓之和。

中也者,天下之大本也;和也者,天下之达道也。致中和,天地位焉,万物育焉。"人在喜怒哀乐这些情感都未迸发时,心境是平和、不偏不倚的,这种状态就称之为"中"。如果情感出现后,能够遵循中道而行,使其保持中正,合于节度,那么就称之为"和"。中是天下万物的根本,和是人们共同遵循的原则。做到了中和的境界,天地便可各安其位,万物就能繁茂生长。

　　中庸之道是儒家最高的道德要求,也是天地不变的自然法则。这个道是"不道之道,各家所欲言而不能尽的道,国人对之油然而生景仰之心的道,万事万物之所不得不由、不得不依、不得不归的道才是中国思想中最崇高的概念、最基本的原动力",①它是一门极高深的学问,却又是我们须臾不离的日常,"极高明而道中庸"(《中庸》)。《论语》一书中,"中庸"一词虽只出现过一次,但孔子对中庸之道的运用却随处可见,当代历史学家蔡尚思先生在《孔子思想体系》一书中曾对此做过归纳:如待人方面,"子温而厉,威而不猛"(《论语·述而》),对人温和严厉,有威严却不凶猛;对待事物方面,"子钓而不纲,弋不射宿"(《论语·公冶长》),用鱼竿钓鱼而不用网捕鱼,打猎飞鸟却从不射归巢之鸟。可以合理猎取食物,却不能过分贪心与凶残;在做事方面,"季文子三思而后行,子闻之曰:再,斯可矣"(《论语·宪问》),季文子做事前总要考虑很多次才着手行动,孔子说,考虑两次就可以了。遇事有所考虑是应该的,但考虑太多往往就会顾虑过多,影响行动;在评价人物方面,"师也过,商也不及"(《论语·先进》),子张常做得过头,而子夏常达不到要求。过与不及都不可取;在审美方面,"乐而不淫,哀而不伤"(《论语·八佾》),快乐而不会没有节制,悲伤而不至悲痛过度;在鬼神方面,"敬鬼神而远

---

① 　金岳霖:《论道》,北京:商务印书馆,1987年,第16页。

之"(《论语·为政》),对鬼神心存敬畏而不亲近。"子不语怪力乱神"(《论语·述而》),不语是最高明的态度。此外,还有生死方面的"见危授命""危邦不入"(《论语·先进》)、相处方面的"和而不同"(《论语·子路》)等等,孔子对中庸之道的践行俯拾皆是。

2. 中不偏,庸不易

"中"字在甲骨文中就已出现,指中正、中和、不偏之意,像我们所说的中允、适中,都指此意。"庸"则被训为用、常之义,如《易·干·文言》中有:"庸言之信,庸行之谨。"这儿的"庸"就是日常的意思,"庸言"是指日常话语,而"庸行"就是日常行为。因此,程颐将"中庸"一词解释为:"中者只是不偏,庸只是常,犹言中者是大中也,庸者是定理也。不偏之谓中,不易之谓庸,中者天下之正道,庸者天下之定理。"(《河南程氏遗书》)"中"的意思是不偏不倚,无过无不及;"庸"是不易,也就是作为一个定理不变,如果将"中庸"直译的话,就是说不偏不倚的千古定理。朱熹更进一步解释道:"中、庸只是一个道理,以其不偏不倚,故谓之中;以其不差异可常行,故谓之庸。未有中而不庸者,亦未有庸而不中者。"(《朱子语类》卷六十二)不偏不倚的中与天下定理的庸合在一起,才构成一个完整的中庸之义,中不偏、庸不易是对中庸最精准简洁的注释。

有人将中庸之道看作是折中主义、调和主义,这是完全错误的。中庸思想绝不是简单的折中主义,而是一种极其高明的智慧。《论语·子罕》篇中,孔子说:"有鄙夫问于我,空空如也。我叩其两端而竭焉。"孔子举例说,有一农夫来问我问题,而我对这一问题并不了解,于是我就从问题的两端来分析入手找到答案。"叩其两端"不是简单的前后相加取其中,而是对问题的正反方面进行细致分析之后,得到一中正、公允的结果。

中庸是不偏不倚的和，而非毫无原则的同。作为道德层面的君子与小人的区分，孔子讲："君子和而不同，小人同而不和。"（《论语·子路》）和是综合不同的观点以后做出恰当的判断，既保持自己的合理见解，也接纳不同的观点，是一种道德智慧；同则是没有自己的独立观点，在把不同的思想观点汇总之后盲目接受，以求实现表面的一致和共存，是一种消极的调和主义。这类人就是孔子所说的"乡愿"，也就是我们平时所说的"老好人"。这种人，谁的意见都不反对，处处讨好，八面玲珑，看似忠厚老实，实则是毫无道德原则，好坏不分，不能做到中正不阿。对于这种人，孔子是十分厌恶的，他称之为，"乡原，德之贼也"（《论语·阳货》）。孟子对其释为，"非之无举也，刺之无刺也，同乎流俗，合乎污世，居之似忠信，行之似廉洁，众皆乐之，自以为是，而不可与入尧舜之道，故曰德之贼也"。（《孟子·尽心下》）这种不分是非，"乡人皆好之"的乡愿之人，是典型的折中主义、调和主义，完全背离了中庸思想的精神与道德要求。

因此，中庸之道绝非折中之义，而是一种道德的智慧展现。真正的中，是指每个事物内部所存在着的矛盾双方，既相互对立又相互依赖，"仇必和而解"，在一定层面上达成真正的和谐一致。这也是事物存在和发展变化的基本规律，也就是庸。中庸就是把握好事物矛盾的度，顺应事物发展变化的基本规律。这一规律体现在个人品德上亦是如此。孔子说君子有"五美"："惠而不费，劳而不怨，欲而不贪，泰而不骄，威而不猛"（《论语·尧曰》）。就是说，为政者应因势利导施惠于民，同时自身也不受到损耗；让人民从事适当的劳作而不心生怨念；有合理的欲念却不贪心；遇事泰然而又不至骄傲；保持仪态威严且不使人感觉凶猛可怕。"五美"其实就是遵循中庸之道的五种美好德行，是为政者应有的道德素养与政治智慧。

3.过犹不及

古时帝王座椅右侧通常会摆放一件器皿，叫作宥坐之器，又称敧器。"宥"通"右"。"敧"就是倾斜的意思。顾名思义，敧器就是一个悬空可以盛水的器皿，空时是倾斜的。随着水的注入，器皿会逐渐端正，但如果注水过满，超过适合的量，器皿又会倾覆，滴水不剩。

《荀子·宥坐》篇中有关于这一器物的记载：有一天孔子与其弟子来到鲁桓公的庙堂，看到一个倾斜的器皿，别人告诉他那是宥坐之器。孔子便说道："吾闻宥坐之器，虚则敧，中则正，满则覆，明君以为至诚，故常置之于坐侧。"意思就是说，我听说过这种器皿，空了便倾斜，适中就端正，满了会倾覆。圣明的君王通常都会摆放在一侧，时时警醒自己。他让弟子上前操作了一下，果如其然。"夫子喟然叹曰：'呜呼！夫物恶有满而不覆哉？'"孔子不禁感叹道："唉！所有事物哪儿有满了不倾覆的道理啊？"弟子子路向孔子请教道："有没有可以保持满的方法？"孔子回答说："聪明睿智，守之以愚；功被天下，守之以让；勇力振世，守之以怯；富有四海，守之以谦，此所谓挹而损之之道也。"就是说，聪明睿智却自安于愚，功盖天下却谦让自持，勇力闻于天下却守之以怯，拥有四海的财富却谦逊自守，这就是水太满就要向外舀出一些才能确保它不倾覆的道理啊。

"虚则敧，中则正，满则覆"。两人去做同一件事，一个人没做完，另一人做过头了，有人会说，做过头总比没做完要强吧？未必！因为两者都不符合中庸之道，过犹不及。《论语·先进》篇："子贡问：'师与商孰贤？'子曰：'师也过，商不及。'曰：'然则师愈与？'子曰：'过犹不及。'"师就是孔子的弟子颛孙师，即子张，子张才高意远，遇事容易过头；商是孔子的弟子卜商,也就是子夏,子夏谨小慎微,做事往往不及。子贡向孔子请教子张与子夏谁更贤德时,孔子评论子张容易过,子夏则常不及。"愈"就是胜过的意思。子贡说,那么老师就是说,容易过的子张更胜一筹？孔子说,不是的,"过犹不及"。过与不及,都偏于失中,背离了中庸之德,所以在孔子看来,都是一样不足取的。

20世纪30年代,当代著名哲学家艾思奇在"中庸观念的分析"一文中写道:"事物的存在各有其自身适应的限量,事物只能在此限量之内才有肯定的存在意义,越过自身的限量,则自身的存在也就要被否定了。"在孔子看来,中庸不止是一种至高的道德境界,也是其他诸德的践行准则与道德标杆。一个德行,如果太过激进与放纵,偏离了中道,往往就会走向另外一个极端,会使原有的道德要求变成错误的行为导向,过犹不及,反受其害。孔子曾向子路讲授过一个"六言六弊"的理论。"六言"就是仁、知(智)、信、直、勇、刚六种德行,"六弊"则是由于不学而不能掌控施行之度,以致德行失中而产生的六种弊病。孔子说:"好仁不好学,其蔽也愚;好知不好学,其蔽也荡;好信不好学,其蔽也贼;好直不好学,其蔽也绞;好勇不好学,其蔽也乱;好刚不好学,其蔽也狂。"(《论语·阳货》)好仁却不学礼度,弊病是会变成愚蠢。《左传》中记载的"宋楚泓之战",讲春秋时期宋襄公与楚争霸,两国相战于泓水。宋军列阵等待,楚军渡河之际,宋国大臣目夷建议襄公趁机攻打,宋襄公拒绝了,他说:"君子不乘人之危。"楚军渡河后,尚未列好阵势,目夷再次建议出击,宋襄公却说:"君子不攻没有摆好阵势的敌军。"及至列好阵势,强大的楚军轻而易举地打败了宋军,宋襄公也在战斗中身负重伤,不久不治而亡。宋襄公这种不分对象、不分时宜、盲目而肤浅的仁义被毛泽东称为"蠢猪式的仁义";好智却不学礼度,弊病就是流荡无归宿;好信却不学礼度,弊病就是反受其害。《庄子·盗跖》中有个"尾生抱柱"的典故，讲春秋时鲁国人尾生与一女子相约于桥下，尾生久候女子不至。这时山洪暴发，水位上涨，尾生却因桥下相会的约定，抱住桥柱不肯离开，最终被洪水淹没而亡。不知权衡其义的偏执践行诺言，最终只会反受其害；好直却不学礼度，弊病就是会急切而不通情理；好勇却不学礼度，弊病就是会成为社会之乱。《吕氏春秋·当务》中记载了一个"割肉相啖"的故事：齐国有两个"好勇"之人，在一起饮酒时，其中一人说："要一盘肉下酒如何？"另一人说："要肉很容易，我们身上都有肉。"于是两人拿出刀轮流割自己身上的肉，最终二人血流而死。《吕氏春秋》最后评价道："勇若此，不若无勇。"这种无义之勇就不能称之为勇，只会为社会带来混乱；好刚却不学礼度，弊病是会变得狂傲不节。

由美德沦为弊病，究其所以，就是因越过了中的界限，背离了不偏不倚、无过无不及的中庸之道。"君子中庸"（《中庸》），只有顺应事物本身的客观规律，做到恰当的度，无过无不及，才能做到真正的至善。中庸，是儒家先贤留给我们宝贵的精神财富，珍惜与传承这一宝贵财富，在生活中践行中庸精神，在社会上倡行中庸之道，人类才能在与自然和谐共存的环境之中取得更加长足的发展与进步。

第六章　儒家文化的当代意义

　　党的十七届六中全会指出，"文化是民族的血脉，是人民的精神家园。在我国五千多年文明发展历程中，各族人民紧密团结、自强不息，共同创造出源远流长、博大精深的中华文化，为中华民族发展壮大提供了强大精神力量，为人类文明进步作出了不可磨灭的重大贡献"。 文化是一个民族兴衰成亡的标志，儒家文化是中华文化的主干和基础，对中华民族精神和民族性格的形成产生了极其深远的影响。文化是民族的，也是世界的，对于倡行"和而不同"的儒家文化更是如此，"天下殊途而同归，一致而百虑"，不管是什么时代、什么地点，儒家文化都将是中国人民永远的精神家园，世界人民共同的精神财富。

一、儒家文化是中华文化的主体

　　儒家文化作为中华优秀传统文化的重要组成部分，在塑造民族精神和品格，推动中国不断发展的历史过程中发挥了巨大的作用。但是，随着近代以来中国整个社会结构及价值信仰的变化，儒家文化在很长时间以来，受到了不公正的评价和对待，甚至被视为是中国由传统社会走向现代化、走向世界的一个主要障碍。反观同样深受儒家文化影响的东亚诸如新加坡、韩国、中国香港等地区,在经济、社会现代化的过程中发挥着相当大的促进作用。儒家文化和现代化之间的复杂关系一度成为世界性的学术问题,尽管至今仍有争论,但答案已经十分明确。从中国当今正在不断深入推进的伟大改革与发展实践可以明确地看到,以儒家文化为主干的中国优秀传统文化对当今中国社会和世界和谐发展仍然发挥着不容忽视的重要意义。习近平总书记曾明确指出,"中国优秀传统文化的丰富哲学思想、人文精神、教化思想、道德理念等,可以为人们认识和改造世界提供有益启迪,可以为治国理政提供有益启示,也可以为道德建设提供有益启发"。在新的历史条件下,要实现中华民族伟大复兴的中国梦,推动人类命运共同体的建设,就必须从儒家文化中汲取深厚的文化滋养。儒家文化对当今世界的意义必然会随着中国的和平崛起而愈发显得重要和深远。

儒家文化是中华文化的主体,并不是研究儒家文化的学者们的一面之词,而是从中国两千年以来的历史进程中得出的正确结论。这里的主体,指的是事物的重要组成部分。正如习近平总书记所说:"孔子创立的儒家学说以及在此基础上发展起来的儒家思想,对中华文明产生了深刻影响,是中国传统文化的重要组成部分。"理解儒家文化作为中华文化的主体,应该从这个角度予以思考和阐释。

中华文化博大精深,兼容并包,既有孕育中华文化的先秦时代的诸子百家之学,也有汉晋以来风靡至今、影响中国文化既深且巨的外来佛教文化,以及近代流布中国的西方基督教学说和其他种种西方思想。就中国传统而言,陈寅恪先生曾指出,"自晋至今,言中国之思想,可以儒释道三教代表之。此虽通俗之谈,然稽之旧史之事实,验以今世之人情,则三教之说,要为不易之论"(《冯友兰〈中国哲学史〉下册审查报告》)。

不容否认,作为中华文化重要构成部分的道家、法家、佛家等思想在我国历史的不同时期发挥过一定的作用和影响,但就整个中国历史发展的大脉络而言,儒家文化在个人、社会和国家层面所凝聚的价值共识,一直以来都被视为是中国优秀传统文化的主体。换言之,儒学始终作为核心价值指导和规范着国家、社会和个人。就人类世界而言,"夫政治社会一切公私行动莫不与法典相关,而法典为儒家学说具体之实现。故二千年来华夏民族所受儒家学说之影响最深最巨者,实在制度法律公私生活之方面"(《冯友兰〈中国哲学史〉下册审查报告》)。这里作为"儒家学说具体之实现"的"法典",指代的无疑是儒家传承自商周以来的以"六经"为核心价值规范和取向的整个儒家思想本身。余英时先生也表达过相近的观点:"在社会政治思想方面,真正有代表性而且发生了实际作用的则以儒家为主体。"①

儒家文化对古代中国制度、法律的影响,是极为深远的。至今犹有从制度儒学、儒家法思想角度予以研究之人,足可见儒学在这方面所能提供的借鉴意义或警示意义。陈寅恪先生认为,"吾中国文化之定义,具于《白虎通》三纲六纪之说","夫纲纪本理想抽象之物,然不能不有所依托,以为具体表现之用;其所依托以表现者,实为有形之社会制度"(《王观堂先生挽词·序》)。以"《白虎通》三纲六纪之说"来概括中国文化的定义固然可以再商量,但必须借助一定的有形的社会制度来表现此抽象的文化的本质是毋庸置疑的。儒家文化所依托以表现的有形之社会制度就是以宗法性为特征的家国同构制度。家国同构意味着家庭、家族和国家在结构组织方面有着共同性,这种制度以血缘和伦理为两大支柱,形成了一套从公众生活方面而言追求治理天下国家,以及从私人生活方

① 余英时:《中国思想传统的现代诠释》,南京:江苏人民出版社,2014年,第21页。

面而言强调养性修身的律法体系和思想学说。

余英时先生曾指出,儒家文化是一种全面安排人间秩序的思想体系。这种"安排人间秩序的思想体系"本身就是关于从公私生活两个方面如何更好地治理天下国家和个人修身的。连接公私生活之间的重要纽带即是基于宗法性的家国同构制度。这种制度意味着"在各层社会集合之中,'家'无疑是最重要最基本的一环,'国'与'天下'也都是以'家'为范本的"①。故而可说,家以外以及以上的所有群体如"族""国""天下"都是家的扩大化。

孔子说"邦有道,则仕;邦无道,则可卷而怀之"(《论语·卫灵公》)。"仕"即是从公的方面追求外在的事功;"卷怀"则是从私的方面强调要养性修身,而不是自我放逸。继承孔子学说的后世大儒孟子和荀子,也继续阐释了儒家关于公私生活方面规范的思想。孟子说"达则兼济天下,穷则独善其身",荀子说"君子在上位则美政,在下位则美俗",都是从公私生活两个层面对儒家文化的价值关怀所作的深刻界定。公私之间的分界点即是宗法性的家。故而走出家门则致君尧舜之上,保民养民;闲居乡里则美风化俗,修身敦伦。

可以看出,儒家文化不是那种纯粹的西方式的思辨哲学和超绝的宗教信仰,而是一种讲求入世、不重思辨重实践的学说,既重视个人的养性修身,也强调学说的经世致用。它根植于我国古代特殊的家国同构的社会结构和制度,这种制度决定了所有一切的社会组织都以宗法性为中心,一切的伦理道德规范都以孝悌为根本。从儒家文化而言,一切人与人、人与社会和国家的关系及其伦理道德规范,都必须从家的角度予以厘清和考察。冯友兰先生曾经指出:"在旧日所谓五伦中,君臣、父子、夫

---

① 余英时:《中国思想传统的现代诠释》,南京:江苏人民出版社,2014年,第20页。

妇、兄弟、朋友,关于家底伦已占其三。其余二伦,虽不是关于家者,而其内容亦以关于家底伦类推之。如拟君于父,拟朋友于兄弟。"①儒家文化经典《大学》讲"修齐治平"之道,其本质就在于从家推延至国,消除家国之间的界限,弥合公私之间的对立。古人常说"求忠臣于孝子之家",其背后凸显的就是从道德伦理层面家国同构的文化特色。孔子的弟子有若讲"其为人也孝弟,而好犯上者,鲜也;不好犯上而好作乱者,未之有也"(《论语·学而》),明确地通过一己的德性把家国之间的微妙关系表达出来。这也就是为何在古代中国社会,一切道德规范最终都能从家的角度予以最终的阐释和解读。

受儒家文化影响的古代家国法律特色,一直以礼为其本质特征,有别于西方那种基于个人自由意志和双方契约的法律。因此,很多学者都认为和强调中国的制度和法律的本质是基于伦理道德规范的礼,而不是西方的那套源自自然法的条则和契约。在中国,只有出现违背礼的精神的行为,给宗法等级秩序带来一定的威胁之时,人们才会给予相应的法律方面的惩治,也就是所谓的刑。用礼来规定法的本质,目的就在于通过相应的道德对人的行为进行引导和规范,维持基于伦理关系之上的整个家庭、社会和国家的稳定和有序。孔子曾说过,理想的制度和法律运用到国家和社会必须合乎"道之以德,齐之以礼"的标准。因为如果"道之以政,齐之以刑",也就是完全依照西方意义上的法律进行统治,就会出现"民免而无耻"的可怕现象。而坚持用作为道德规范的礼去引导和约束人们的行为,才能使人生羞耻之心而不再犯同样的错误。

但这并不意味着儒家文化不重视法。孟子曾说过:"徒善不足以为政,徒法不足以自行。"(《孟子·离娄上》)孟子明确指出,无论公私生活

① 冯友兰:《新事论》,北京:北京大学出版社,2014年,第64—65页。

都必须把礼和法结合起来而不能偏废，这也是为何儒家文化强调礼法之说的原因所在。关于这一点，孔子更明确地说："政宽则民慢，慢则纠之以猛；猛则民残，残则施之以宽。宽以济猛，猛以济宽，政是以和。"（《左传·昭公二十年》）仅仅依赖礼或者法是不够的，必须辩证地看待其效用并加以利用。宽猛相济的本质即根据不同的情况对礼和法进行合理运用，从而最终实现政治和谐。尽管如此，这并不足以说明法和礼在中国公私生活方面的地位是平等的，儒家恪守的仍是一以贯之的先礼后法的原则，即恤刑慎杀，先教后刑。孔子说"修文德"，孟子说"施仁政"，就是此意。

概括而言，从中国两千多年的历史可以看出，历代统治者治理国家所遵循和沿用的，正是儒家文化自西周以来强调的"明德慎罚"的思想。这种德刑相辅、礼法并用的思想，深刻地影响了中国的制度、法律和公私生活的种种方面。

二、儒学是中国的，也是世界的

习近平总书记在纪念孔子诞辰2656周年研讨会上说："儒家思想同中华民族形成和发展过程中所产生的其他思想文化一道，记载了中华民族自古以来在建设家园的奋斗中开展的精神活动、进行的理性思维、创造的文化成果，反映了中华民族的精神追求，是中华民族生生不息、发展壮大的重要滋养。中华文明，不仅对中国发展产生了深刻影响，而且对人类文明进步作出了重大贡献。"从中华民族的精神追求和中华民族生生不息、不断发展壮大的意义上而言，儒学无疑是中国的，因为它不仅塑造了中华文明的本质特征，更推动着中国不断前进，开拓未来。在这个伟大的历史进程中，儒学通过在周边国家以及世界范围内的传播，对整个人类文明的进步作出了重大贡献。无论是西方人称颂至今的"四大发明"，抑或是孔子及儒家思想对于西方18世纪的启蒙运动产生的深刻启发和影响等等，都足以说明儒学不仅是中国的，而且是世界的。这里的世界，既是一个历史的概念，更是一个未来的概念。因为儒学是世界的，不仅仅指向它既往的历史贡献，更指向儒学对未来世界的塑造和影响。西方近代哲学家罗素就直言不讳地说，儒学追求入世、中庸及其平实的精神，是值得西方文化借鉴的重要品质。尤其是在当今时代，儒学的世界意义因为其自身文化所蕴含的智慧和力量，被世界各地的许多有识之士认为是可以解决当代人类面临的诸多难题的不容忽视的重要资源。

当今世界无疑是一个开放的世界，它所面临的是一个需要不同文明共同推动整个人类社会向前进步的新的时代。这既需要不同国家及其人民要有一个开放包容的心态，撇开自我意识的偏见；更要有一个愿意学习和对话的信念，促进不同文明之间的和谐与互补。正如习近平总书记所说，"任何一个国家、一个民族都是在承先启后、继往开来中走到今天的，世界是在人类各种文明交流交融中成为今天这个样子的。推进人类各种文明交流交融、互学互鉴，是让世界变得更加美丽、各国人民生活得更加美好的必由之路"。儒学也是如此，它既是历史的昨天的文化，也是明天的发展性的文化。之所以说儒学也是世界的，并不仅仅因为儒学在过去对人类文明所作出的贡献，而是在于作为中国古老智慧结晶的儒学在当今社会仍然能够作出应有的贡献，儒学依然能够真切实在地为全世界的人们认识和改造世界提供有益启迪，可以为不同国家和民族治国理政提供有益启示，为人类的道德建设提供有益启发。

从另一个层面而言，整个世界已经认识到作为中华文化重要构成部分的儒学的重要意义和价值,不同民族和国家也在积极尝试从更广阔的经济、政治以及哲学等角度来重新理解儒学,理解中华文化。甚至有很多学者把儒学的核心思想与本国的文化进行结合,以推动彼此之间的交流和互补,解决他们所面临的一些问题。可以说,西方世界对儒学的研究和阐释体现了他们的自觉能动性,这除了源于他们自身文化所带有的弊端之外,还说明儒学对于他们而言,可以真正为他们摆脱现实的困境提供必可不少的借鉴和启示。儒学的意义不仅对于中国存在,对于世界而言同样存在,而这正是理解儒学是世界的的一个重要侧面。

三、儒家文化的现代意义

儒家文化和现代之间的关系,以及从现代意义的层面谈儒家文化是一个很复杂的问题。文化当然是一个很抽象的观念,现代意义也同样如此。讨论儒家文化的现代意义,其本质在于从当下的具体的现代社会出发,挖掘儒家文化在向现代转变的过程中所能发挥的重要价值和作用。换言之,就是儒家文化的基本价值与中心观念在现代社会中如何更好地调整与转化,以引导人们更好地生活。这必须基于一个前提,即"在检讨某一具体的文化传统及其在现代的处境时,我们更应该注意它的个性"①。这里的个性即儒家文化所呈现出的不同于其他文化的特殊性。习近平总书记曾经指出,"研究孔子、研究儒学,是认识中国人的民族特性、认识当今中国人精神世界历史由来的一个重要途径"。藉由这个重要途径,我们才可以真正地谈儒家文化的现代意义。而这里的研究,既包括对儒家文化的正确认识和看待,也包括如何实现它与现代社会的顺利接

---

① 余英时:《中国思想传统的现代诠释》,南京:江苏人民出版社,2014年,第3页。

榫和转化。

众所周知，儒家文化自古就带有一种非常浓厚的重实际和践履的价值取向，与西方人追求的那种形式化的、系统化的思辨路径有着明显的不同和区别。以儒家文化为主体的中华文化有一个包罗万象的核心词汇"道"，它是儒家文化赖以安排人间秩序和价值的源头和归宿，带有一种超越性的特质。中国的儒家同时又诚恳地相信"道之大原出于天"，它既不离人伦日用，却又超出其上。孟子说，"尽其心者，知其性也。知其性，则知天矣"（《孟子·尽心上》），通过"内在超越"的路径把世间的人伦日用与超越性的道和天联系在了一起。因此，在儒家文化的视野里，超越意义的价值世界和世俗的现实世界是不即不离的。而且，儒家相信价值之源头虽然在于天道，但并非不可企及，通过对自我心性的体察和修身完全可以实现对超越价值的把握。孔子说"道不远人"，"我欲仁，斯仁至矣"，孟子讲"行有不得反求诸己"等，都旨在强调个人的修养，以藉由内心自觉而体认到"道"本身。

也正是基于这种内在超越的路径，儒家文化作为一种内倾型的文化，一直强调并奉行"为仁由己"的价值观。孟子讲"仁义礼智"四端为人所固有，人人皆可以成为尧舜，荀子讲"涂之人可以为禹"，乃至于宋明之际的新儒家更进一步认为愚夫愚妇都可以成为圣人。这种基于一己的价值自觉和自我实现，由人而推及于万事万物，形成了儒家文化中境界最高的"人与天地万物一体"的天人合一的思想。宋儒张载说"民吾同胞，物吾与也"，也都是要达到那种"天地与我并生，万物与我为一"的浑然境界。儒家文化一贯强调的人与天地相参，就是天人合一思想的一个重要体现，即把价值世界和现实世界之间的藩篱打通连贯起来，将两者安顿在人的内在德性之上。

因此,儒家文化在论及现实世界,也即人伦日用之时,将五伦关系视为是天经地义的。五伦观正是来源于价值世界,来源于"道"的规范和界定,表现在现实世界中就是,"一切政治社会的组织只是人伦关系的逐步扩大,即以个人为中心而一伦一伦地'推'出去"①。所以孔子说推己及人,孟子说"古之人所以大过人者,无他焉,善推其所为而已矣"(《孟子·梁惠王上》),都可说是藉由道德人伦的力量,最终在现实世界中家的基础上,逐渐推到国,乃至于必然还要推到天下大同的理想境界,以无限贴近价值世界里的"道"的本质。因此综合地看,儒家文化一方面极为强调通过个人修身以实现价值的自我实现,另一方面又十分重视现实世界里的人伦秩序,希望通过外在的礼乐制度维持整个人伦秩序的安定。前者依赖于个人不断的克己复礼,后者则诉求于为政者的博施济众,两者最终统一在个人的修身之上,也即《大学》中所说的"壹是皆以修身为本",但自我修身的最终目的却并不停留在德性的完善上,而是致力于求取自我在人伦秩序中的和谐,以及与此密切相关的敬德保民的实现。

　　儒家文化作为一种内倾型的文化,相信价值之源在于一个人的内心,并且能够和外在的万事万物打通,所以走上了一条内向超越的路子,十分强调和重视个人的修身或修养。这种内向超越的路径使得中国儒家看待自我的本质时,一方面把人视为天地万物中的一个重要构成部分,藉由自我修身能够达至与天地万物一体;另一方面则相信通过自我的努力可以在现实世界里成就人伦秩序。因此,这种自我观念可以从根本上避免西方文明里强调竞争和差异的缺陷。现代西方人遇到精神危机之时往往向外求救,而不知反求于己,所以使得西方高扬的自由、解放

---

① 余英时:《中国思想传统的现代诠释》,南京:江苏人民出版社,2014年,第3页。

等价值观反而成为放纵的借口,潜在地隐伏着带来混乱和冲突的可能。从这一点上说,中国儒家文化强调的自我修养正是一种十分珍贵和必须重新发掘的精神资源。中国俗话说"各自责,天清地宁;各相责,天翻地覆",凸显的就是内倾型的自我修身对于整个社会的安定和谐所能起到的重要价值和作用。

这种强调"自反而缩"的路径,使得儒家文化在向外推演的过程中有一个坚实的根本。儒家文化认为"本立而道生",这个道既是价值世界里的大道本身,同时也是《中庸》里讲的可以在现实世界里无限展开的"道并行而不悖"的伦常日用之道。因此可以说,儒家文化的开放性和包容性并不是一个虚设的概念,而是根植于儒家文化本质的一个连续性的动态过程,隐伏着多向多元的潜在可能性,故而能够为当今多样化的世界提供多元化的意义。习近平总书记曾指出儒家文化是"与时迁移、应物变化的,都是顺应中国社会发展和时代前进的要求而不断发展更新的,因而具有长久的生命力"。儒家文化的经典《易经》讲"天下同归而殊途,一致而百虑",就把多样化的可能性及其赖以产生的根本联系在了一起。为宋明儒学奉为重要价值信仰的"理一分殊"观念,同样是对儒家文化在人类社会实践层面具有多向多元意义的重要阐释。

这种阐释避免了带有排他性的西方文化的消极影响,避免了西方式的用自己文化的尺度去衡量和改造其他文化的弊端。当然,宽泛地说,当今整个人类社会共同面临着许多突出的难题,比如,贫富差距持续扩大,物欲追求奢华无度,个人主义恶性膨胀,社会诚信不断消减,伦理道德每况愈下,人与自然关系日趋紧张等等。要解决这些难题,不仅需要运用人类今天发现和发展的智慧和力量,而且需要运用人类历史上积累和储存的智慧和力量。

具体地看，儒家文化所蕴藏的智慧和力量对现代社会提供多元多向的意义，可以从以下几个角度进行思考：儒家文化强调的天人合一的思想，对于正确地看待和处理人和自然之间的密切关系，避免为了片面追求经济发展而毁坏人类赖以生存的环境有着重要的借鉴和启发意义；儒家文化关于天下为公、大同世界的思想，对于推动整个世界积极构建"人类命运共同体"，促进和实现人类的和平稳定和共同发展，能够提供极富教益的价值指引；儒家文化关于以民为本、安民富民乐民的思想，真正做到了西方文化所强调的把人视为目的而非手段，从根本上维护了创造物质财富和精神财富的人民群众的尊严和利益，杜绝了西方社会普遍存在的阶级对立和民族歧视的弊端，充分认可和尊重了作为创造历史的人民的主体性。

　　此外，儒家文化关于中和的思想，关于求同存异、和而不同、和谐相处的思想，更是为当今价值混乱、冲突不断的人类世界提供了避免走向战争深渊的思想解药。正如习近平总书记所说，"强调承认和尊重本国本民族的文明成果，不是要搞自我封闭，更不是要搞唯我独尊、'只此一家，别无分店'"。每一个国家和民族的文明都扎根于本国本民族的土壤之中，都有自己的本色、长处、优点。人类社会在追求进步和发展的过程中，应该抱有和而不同的心态，努力促进不同文化之间的交流和互鉴。这既要坚持从本国本民族的实际出发，坚持取长补短、择善而从，讲求兼收并蓄，更要去粗取精、去伪存真。儒家文化一贯强调和奉行"和为贵""周而不比"等价值规范，承认和尊重不同思想及其蕴含的价值。反观西方文化，自始即抱有极端的文化沙文主义，向全世界推行西方世界的价值观并将其视为人类社会的普世价值，拒绝承认和尊重文化的多样性，拒绝不同文化之间的平等对话和交流，与当今开放性的世界是相悖的。历史证明,任何想用强制手段来解决文明差异的做法都不会成功,反而会给世界文明带来灾难。因此,儒家文化能够为世界提供可资借鉴的和而不同的思想就显得愈发珍贵和及时。

当然,儒家文化中关于安不忘危、存不忘亡、治不忘乱、居安思危的思想等等,无不可以供世界各地的人们思考和借鉴。当今世界所潜伏的危机和冲突要远大于历史上的任何时期,人类世界所面临问题的严峻性更是不容乐观。这无疑对人类解决危机提出了更高的要求和智慧。我们既无意把所有的危机归咎于西方文化的弊端之上,更无意于把儒家文化中所蕴藏的智慧加诸他人之上。应该说,儒家文化不是解决所有问题的最终真理,但它所提供的价值规范和原则,仍然是人类社会可以信任和选择并付诸实践的重要资源。正如习近平总书记强调的,"对传统文化中适合于调理社会关系和鼓励人们向上向善的内容,我们要结合时代条件加以继承和发扬,赋予其新的含义。希望中国和各国学者相互交流、相互切磋,把这个课题研究好,让中国优秀传统文化同世界各国优秀文化一道造福人类"。儒家文化的现代意义,正可从中看到其未来。

后　记

　　2013年11月，中共十八届三中全会明确提出，要紧紧围绕社会主义核心价值体系建设，推动社会主义文化大发展大繁荣。11月26日，习近平总书记视察山东，并在孔子研究院就中华优秀传统文化的传承召开座谈会。此后，总书记对弘扬中华优秀传统文化、培育和践行社会主义核心价值体系以及当今中国的思想道德文化建设作出了一系列重要论述。这是中央向全国发出大力弘扬中华优秀传统文化的重要信息，也是中央高度重视中华优秀传统文化的重要宣示。

　　20世纪30年代，"社区"一词由著名社会学家费孝通先生在在其译作中首次提出，随后应用于国内。作为中国社会的基层组织和基本单位，"社区"和"乡村"一直被视为社会文明建设的重要载体。中华优秀传统文化蕴含着社会主义核心价值观的丰厚滋养，为当今的社区（乡村）文明建设提供了丰厚的思想资源。如何从中华优秀传统文化中汲取中华传统美德的精华，古为今用，以古鉴今，讲清楚中华民族生生不息、发展壮大的丰厚滋养，深入挖掘中华优秀传统文化的当代价值，培育和弘扬社会主义核心价值观，使社会主义核心价值观内化为人们的精神追求、外化为人们的自觉行动，从而推动社区（乡村）文明建设，是社区发展所面临的重要课题。

本书是"传统文化与社区（乡村）文明读本"系列的一本。初接本书编纂任务时，心中颇多忐忑与惶恐，幸得丛书主编——山东大学博士生导师、"乡村儒学"倡导者颜炳罡教授的悉心指导和鼓励，方才有了书稿的顺利完成，在此，要对颜炳罡教授致以最诚挚的感谢。此外，还要感谢此丛书中的各位先进，给我提出了宝贵的意见，尤其感谢山东大学王春教授、刘雷博士对书稿细节提出的中肯见解与建议；感谢山东大学几位博士生同学为课题不辞辛劳的付出；感谢孔子研究院孔祥安研究员、路则权博士、谷文国博士诸位同仁在我编写过程中给予的精心指导和帮助；感谢家人对我的理解与支持，使我得以全身心地投入到书稿的写作当中。

武宁

2017年3月3日